Mireia Cu

Mamá es sexy

Manual de supervivencia sensual para madres

Cómo estar maravillosa
y disfrutar de tu vida personal

OCEANO AMBAR

AGRADECIMIENTOS

Quiero dar las gracias a Xavier por su paciencia, apoyo y comprensión.

A mi peque, Ariadna, por ser única y ser como es.

A Lucia y Josep por su ayuda desde que me quedé embarazada hasta hoy y su comprensión incondicional.

A M. Rosa por su calma y su capacidad de resolver conflictos.

A Silvia, que me animó y me ayudó a no sentirme sola cuando fui mamá.

A Esther por confiar en mí, animarme en este proyecto y por ser una gran amiga.

A mis niñas Cristina, Mara y Elisabet por las confesiones íntimas en las cenas y ser tan geniales.

A todas las mujeres que me ayudaron en la redacción de este libro, por la paciencia que mostraron en las entrevistas que realicé, en especial a Imma, Rosa y Mónica.

Mamá es sexy

Diseño de cubierta: P&M. Ilustración de Charuca

Milanesat, 21-23 - 08017 Barcelona (España)
Tel.: 93 280 20 20* - Fax: 93 203 17 91

ISBN: 84-7556-404-6
Depósito Legal: B-11650-XLIX
Impreso en España - Printed in Spain

9001742020206

A Xavier y a Ariadna,
gracias a ellos he podido vivir
la bella y tierna experiencia de ser madre.

Índice

Introducción

¡Qué mamá tan sexy!

Al cumplir los 28 sentí que había llegado el momento de ser mamá. Si me lo hubieran dicho un par de años antes hubiera pensado que estaba loca: la hipoteca, las interminables jornadas laborales, el escaso tiempo libre... ¡son argumentos capaces de disuadir a cualquiera! Sin embargo, en poco tiempo mi situación personal y profesional cambió y empecé a sentir cada vez más fuerte la llamada de la maternidad. Mi marido, además, insistía en ser papás jóvenes para poder disfrutar de nuestro bebé con energía.

Estaba convencida, pero también –¿por qué no confesarlo?– muerta de miedo. Con el embarazo, el cuerpo se deforma de una manera descomunal, aparecen las primeras estrías, las venitas, la pérdida de elasticidad, los cambios hormonales... Me aterraba la transformación que experimentaría mi cuerpo. Quizá suene egoísta pero ¿y si luego no volvía todo a su lugar?

Aunque había otro tema todavía más duro de sobrellevar: el personal. De repente, aparece en tu vida una personita que depende única y exclusivamente de ti para todo. Tu intimidad, tus momentos, tu vida se ve reducida al cuidado absoluto de un bebé.

Finalmente entendí que ser mamá no significa renunciar a tus aspiraciones profesionales ni personales, si te organizas bien y cuentas con la ayuda de un hombre maravilloso como Xavier y , desde luego, tampoco implica dejar de ser atractiva y sexy.

No nos lo pensamos más y decidimos ponernos manos a la obra. El tiempo de búsqueda hasta que surge la noticia del embarazo es muy excitante. Nos pasábamos los días intentándolo. Mis reglas nunca fueron muy regulares y teníamos la idea de que a mí me costaría quedarme en estado, sin embargo, al mes ¡ya estábamos embarazados! ¡Nos sentíamos tan felices y fértiles!

Por suerte, él siempre ha encontrado super sexys a las embarazadas... Dice que tienen un encanto especial muy atractivo. Cuando me quedé embarazada de Ariadna, en verano, me gustaba lucir mi barriguita morena de una forma sexy. Me ponía vestidos ceñidos y jerseys muy cortos que dejaban ver mis nuevas curvas y ¡Xavier se volvía loco viendo mi tripita! Durante esos meses mostró una mezcla de pasión y dulzura que hizo que nos uniéramos todavía más.

Nueve meses más tarde nació Ariadna, y con ella toda una serie de experiencias maravillosas, pero también de pruebas -en ocasiones muy duras- que resolví gracias al apoyo de Xavier y de otras mamás que han pasado por mi misma situación...A lo largo de este libro te iré desvelando cómo.

Cuestión de actitud

Ser sexy es una cuestión de actitud: no te sentirás sexy hasta que creas que pareces sexy. Y cuando lo sientas así, ya no habrá vuelta atrás: te arreglarás y te comportarás como una auténtica seductora.

Este libro está dirigido a todas las mujeres que son madres y quieren seguir sintiéndose atractivas y disfrutar de su sexualidad, a la vez que ejercen de «las mejores madres del mundo».

Existen muchos manuales sobre cómo cuidar al bebé y cómo educar a nuestros hijos, pero muy pocos sobre cómo debe cuidarse una mamá para potenciar su atractivo, su salud emocional y su vida sexual. Y es algo fundamental para sentirse bien y en armonía familiar.

Estoy convencida de que las madres merecen un libro en el que se sientan identificadas. Lamentablemente, a las mujeres no se les educa para que expresen libre y responsablemente su sexualidad, y las madres se enfrentan al doble rasero de la sociedad que considera «maternidad» y «sexualidad» como dos conceptos mutuamente excluyentes.

La vida sexual de una mujer sufre importantes cambios cuando decide tener un hijo y se ve obligada a soportar todos esos cambios sin más ayuda y orientación que los consejos de una amable enfermera o las experiencias de una amiga. Muchas madres desean que su vida sexual no desaparezca cuando dan a luz a su primer hijo. Aun así, se dan cuenta de que la maternidad supone numerosas exigencias que les roban tiempo y atención.

Cuando les preguntaba a mis amigas, que ya habían sido madres, cómo iba su vida sexual, la respuesta solía ser del tipo: «¿Sexo? No recuerdo... ¿Qué es eso?» o «Mejor que nunca porque es inexistente».

Las clases posparto ayudan mucho a las mamás primerizas. Yo asistí a un curso que ofrecía el Centro de Salud de la ciudad donde vivo y me fue de gran ayuda. Las clases están dirigidas por una comadrona que asesora con gran acierto a las madres sobre cómo afrontar la nueva situación y cuidar correctamente al bebé, con dulzura y dedicación, sin olvidar que seguimos siendo mujeres sexuales y que hay una pareja a la que debemos ayudar a ubicarse en su nuevo espacio y rol de papá. El entorno en el que crecerá nuestro hijo es fundamental para que sea feliz y emocionalmente sano y, para ello, es fundamental que la pareja esté unida y mantenga una relación afectiva y sexual estable. Las estadísticas, sin embargo, revelan que las parejas con hijos sólo pasan veinte minutos de intimidad a la semana.

Con este libro aprenderás a explorar tu nuevo poder como madre y a canalizar esa nueva energía para que repercuta positivamente en tu vida sexual. Sean cuales sean tus motivos para leer este libro, espero que leyendo estas páginas encuentres los desafíos y las respuestas que activen tu deseo.

¿Las mamás tienen vida sexual?

Cuando decidí escribir este libro y comenté la idea con amigos y conocidos, muchos padres respondieron con curiosidad y entusiasmo. Sin embargo, los hombres y mujeres que no tenían hijos parecían sorprendidos. Su reacción era comprensible. Aunque se han escrito muchos libros sobre maternidad y sexo, los dos temas se tratan por separado, como si fueran materias que no guardaran ninguna relación entre sí. Las obras dirigidas a las parejas que tienen hijos nunca exploran la transformación que sufre la vida sexual de la mujer debido a las exigencias que supone ser madre. Los libros sobre sexo y relaciones para padres y madres ofrecen algunas pistas sobre «cómo mantener viva la llama del amor», pero sus recomendaciones parecen no tener en cuenta el hecho ineludible de que esos padres conviven con niños. También eluden el hecho de que respetar tu sexualidad y disfrutarla a lo largo de todas las etapas de tu vida supone un magnífico ejemplo que permitirá a tus hijos ser personas responsables y sexualmente satisfechas.

Mamá es sexy está pensado para todas las mujeres que deseen integrar una vida sexual plena con los cambios que supone la maternidad. Este libro ofrece recomendaciones, anécdotas e información práctica sobre sexo y maternidad, avalada por médicos, sexólogos y los expertos más importantes: otras mamás.

Las mamás toman la palabra

Es importante que el debate sobre sexo y maternidad refleje las inquietudes y las experiencias de un amplio espectro de mamás: casadas, solteras, adoptivas y biológicas. Por eso estoy tan agradecida a las madres que han compartido conmigo sus pensamientos, puesto que han sacrificado su precioso tiempo libre para facilitar la redacción de este libro. Sus historias son reveladoras, porque indican que cada aspecto de la maternidad tiene ciertas repercusiones sexuales: desde los altibajos hormonales al desafío que supone compaginar el placer personal con las responsabilidades como madre. Esta obra pretende ofrecer ideas y herramientas para que las madres afirmen su identidad sexual.

Pero, puesto que no todas las madres son iguales, te sugiero que apliques a tu vida sólo las recomendaciones con las que te sientas a gusto y sean afines a tu forma de ser. *Mamá es sexy* ofrece herramientas, información y aliento para que la madre explore su nueva sexualidad. Pero es importante que cada mujer la analice y la experimente siguiendo su propio ritmo.

Se necesita valor y determinación para cambiar los condicionamientos de nuestra cultura, que aboga por el autosacrificio de las madres y ahoga cualquier expresión de sus deseos sexuales. Me gustaría que este libro diera a todas las madres la inspiración y los medios para integrar una sexualidad plena en sus vidas.

Tanto si te esfuerzas por cambiar la imagen sexual que tienes de ti misma, sientes curiosidad por canalizar tu deseo sexual o está soltera y necesitas consejo para conocer a otras personas, este libro te será de gran ayuda. Los primeros capítulos tratan de los elementos esenciales que definen la relación de una mujer con su propia sexualidad, incluida la imagen sexual, la autoestima, la masturbación, el deseo y la comunicación. Los últimos capítulos abordan una serie de obstáculos con los que se encuentra una madre en el terreno amoroso y sexual, y además ofrecen consejos prácticos sobre cómo convertir en prioridad tu vida sexual, cómo compartir la responsabilidad de una vida sexual satisfactoria con tu pareja, cómo tener vida sexual si estás soltera y cómo ampliar tu punto de vista respecto al sexo. Con el fin de inspirar un cambio creativo en tu vida, el libro contiene varias recomendaciones que te ayudarán a mejorar y reforzar tu sexualidad.

¡Suerte, mamá!

MIREIA CUSIDÓ

Madre y amante en la vida

Tu naturaleza erótica

«¡Las dependientas me miran de una forma muy rara cuando entro con mi bebé y les digo que me muestren algún conjunto pícaro de lencería! Me entran ganas de preguntarles si saben cómo concebí a mi hijo. No soy una mujer menos sexual por el mero hecho de ser madre. En realidad, me siento más sexual. ¡Creé a otra persona en mi cuerpo con la ayuda del hombre al que amo! ¿Acaso se puede ser más sexual?»

Muchas madres descubren que la maternidad les infunde vitalidad y una nueva confianza sexual, así como un nuevo respeto hacia su cuerpo, una mayor capacidad de amar y un intenso vínculo con la humanidad. Se sienten poderosas, sensuales y sexuales... Pero, admitámoslo, «mamá» y «sexy» son dos palabras que no parecen combinar mucho para el resto del mundo. No evocan lo mismo que, por ejemplo, «joven seductora» o «chica ardiente». Seguramente, alguna vez te habían llamado así antes de quedarte embarazada, pero ahora tu nueva identidad de madre acaba con cualquier recuerdo del pasado.

¿Por qué las madres son seres asexuados? Las razones de ello son complejas: la noción (muy arraigada en nuestra cultura) de que el sexo es algo «sucio», una tradición religiosa que alaba a las madres castas y un sistema social que exige constantes sacrificios a la madre. Pero lo irónico del caso es que nadie parece acordarse de que el sexo es precisamente lo que convierte a las mujeres en madres.

Hay pocas mujeres que lleguen a una independencia sexual sin atravesar antes una serie de escollos. Quizá también tú, como otras muchas mujeres, hayas abandonado tu ser sexual como resultado de los cambios físicos, los desafíos logísticos, las fluctuaciones hormonales o los mensajes negativos que recibes al ser mamá por parte de tu pareja, de tus amigos o de perfectos desconocidos. Pero si la maternidad te induce a abstenerte del sexo durante una temporada, eso tampoco significa que hayas dejado de ser tú. Todos atravesamos ciclos naturales de actividad sexual. Se trata de defender que nuestra identidad como seres sexuales es incuestionable y que nadie debe inculcarte que «maternidad» y «sexualidad» son conceptos excluyentes.

La sexualidad es una gran fuente de creatividad; infunde amor, energía y una sensación maravillosa de bienestar. Mejora todas tus relaciones y te vuelve más humana en el trato con tus hijos. Tanto si haces el amor cada noche como si no recuerdas la última vez que disfrutaste de un encuentro sexual, tu naturaleza erótica es indiscutible.

Desafíos de madre

Si fuera tan sencillo integrar perfectamente las facetas maternal y sexual, probablemente no estarías leyendo este libro. Toda mujer se ve obligada a revisar la imagen que tiene de ella misma a lo largo de la transición hacia la maternidad, y el sexo es un aspecto más de tu identidad que se desmorona temporalmente. Se tarda un tiempo en completar una transformación que te permita sentirte bien contigo misma. De hecho, se trata de un proceso en constante evolución.

A continuación, haremos un repaso de los escollos habituales que dificultan la formación de tu identidad sexual después de dar a luz a tu bebé.

Doble rasero. Algunas mujeres me han confesado que, después de nacer sus hijos, empezaron a ver el sexo como «algo sucio».

Quizá tu pareja y tú os enfrentéis al temor de que el sexo pueda transformar a una madre abnegada como tú en una viciosa sexual. Aunque vuestros temores no lleguen a esos extremos, probablemente habrás tenido tus reparos hacia la vida sexual que disfrutabas antes de ser madre, porque creerás que ya no «es apropiada» o que ahora debes estar por otras cosas más importantes relacionadas con el bebé. Y no es así, créeme, esta idea es tan errónea como pensar que tú ya no cuentas como «mujer» y que sólo debes preocuparte por tu hijo y tu función de «madre». Cuanto más feliz y satisfecha te sientas en tu vida sexual y afectiva, mejor te enfrentarás a los retos de ser mamá, y más cariñosa y paciente serás con tu hijo.

Algunas madres no logran combinar ambos papeles, como el caso de Rosa, que a los pocos meses de dar a luz me comentaba: «Mis hormonas sufrieron cambios y dejé de sentirme como un ser sexual. Las madres no son sexys; tienen que amamantar, hacer la comida, limpiar la casa... ¿Y se supone que por la noche deben transformarse en un ser erótico para satisfacer al marido?».

Otras, en cambio, como Lara, descubren el lado erótico y sensual de ser mamá y amante a la vez: «Mi marido está encantado y me encuentra más deseable desde que tuve a nuestro hijo. Dice que soy la madre perfecta de día y la ardiente amante de noche. Durante el día me envía señales constantemente avisándome de las ganas que tiene de que llegue nuestro momento de intimidad».

Algunas mujeres interiorizan la falsa creencia de que las madres no pueden ser buenas amantes y empiezan a censurar no sólo su vida sexual, sino también sus fantasías, ciñéndose a unas normas sobre cómo debe ser «una buena madre».

«Me encanta el sexo. Siempre me ha gustado practicarlo y experimentar cosas nuevas. Pero ahora que soy madre, a veces, me siento culpable por tener fantasías o pensamientos subidos de tono... ¡se supone que las madres no pueden pensar en esas cosas! Luego me regaño y me recuerdo que sigo siendo una mujer y que tengo derecho a disfrutar plenamente de mi sexualidad.»

«Ya no disfruto con la literatura erótica o las películas porno, como hacía de vez en cuando antes de ser madre. ¿Por qué ahora me desagradan tanto las mismas imágenes que antes me ponían a cien?»

Esta actitud es un reflejo de la represión que ha vivido la mujer durante milenios y que todavía no ha podido desvincular de su concepto de maternidad. Sin embargo, aunque no logres evitar ciertos reparos en cuanto al sexo, debes tomar conciencia de que sexo y maternidad son dos áreas distintas e independientes de tu vida y que una no anula a la otra.

Doble poder femenino. Las mujeres ejercemos un doble poder: sexual y maternal. Según las teorías tradicionales, la sexualidad de las mujeres podría ser la perdición de los hombres, como fue el caso de Elena de Troya, que causó la ruina de esa civilización debido a su belleza y encantos. El poder maternal también es muy fuerte e influyente, pues implica la capacidad para crear vida. Creo que existe un miedo inconsciente hacia el poder de las mujeres como seres sexuales y madres y, si unimos esas dos facetas, muchos hombres se sienten superados por ellas.

Las mujeres tenemos la esperanza de que los hombres comprenden cada vez mejor esa doble naturaleza. Pero, para ello es imprescindible que nos sintamos cómodas con nuestro propio poder. Imaginar que eres un ser extraordinariamente poderoso quizá sea la inspiración que necesitas para reafirmar tu sexualidad materna.

Cuando hay que «repartirse». Es fácil sentirse tan abrumada por las exigencias que implica la maternidad que el sexo sea lo último que se te pase por la cabeza. Para algunas, la responsabilidad de ser madres agota su energía sexual.

«A veces, me resulta difícil verme como un ser sexual. El sentido de mí misma ha cambiado desde el día en que nació mi bebé. Ahora tengo muchas más responsabilidades. Adopté ese papel desde el principio. Me veía como madre y ama de casa y mi identidad sexual no formaba parte de esa vida. Mi hijo requiere toda mi atención, estoy pendiente de él las 24 horas del día. No te imaginas lo agotada que voy. Cuando por fin duerme unas horas seguidas, siento que no puedo más y lo que más me apetece es relajarme y descansar. Es duro no encontrar momentos para estar con mi marido.»

Esta sensación es la que más mujeres admiten sentir después de ser madres, pero es una faceta que lograrás superar con paciencia y cariño. Además, muchas madres afirman que no se sienten a gusto con el cuerpo que les ha «quedado» después de dar a luz o mientras amamantan al bebé.

Incluso otras mujeres asumen por completo el lema de «dar mucho y recibir poco» y se sienten abrumadas por la presión de tener que ser la madre que siempre se sacrifica, luchando por un ideal poco realista y dañino que la sociedad trata de inculcarnos.

«Al convertirme en mamá tuve que luchar para conservar mi identidad como mujer. Es una lucha constante, porque a las mujeres se nos exige mucho y se espera demasiado de nosotras.»

A menos que seas una mamá famosa (en cuyo caso te pido disculpas por los comentarios irónicos) y dispongas de entrenador personal, cocinero, chofer, niñera y ayudantes que se ocupen de todos los detalles mundanos de tu vida, te enfrentarás a lo que yo llamo «problemas carenciales». Si careces del tiempo o de la energía necesaria para expresar tu sexualidad, y por supuesto no figura en tu lista de prioridades, lee el capítulo «Lo quiero todo: sexo, salud y descanso».

Objetivos realistas

Toda madre atraviesa un período en el que se siente demasiado cansada para ocuparse de su aspecto, y su armario está lleno de ropa pasada de moda. Las madres sufren cambios físicos de gran envergadura y algunas experimentan una cierta desconexión entre la doble finalidad de sus cuerpos. Cuando los genitales o los pechos sirven a un propósito útil, ya no resulta fácil volver a verlos como imanes sexuales.

Mi amiga Imma, preocupada por recuperar su faceta de mujer sexy y atractiva, me comentaba al año de dar a luz: «Cuando nació Sergio tenía muy claro que quería darle el pecho el máximo tiempo posible para que creciera sano y se estableciera un vínculo fuerte entre los dos. Sin embargo, a los seis meses de amamantarlo empecé a sentirme como una vaca lechera. Era incapaz de desvincular la función «proveedora de leche» de mi cuerpo con la de atraer a mi marido. Cuando me acariciaba los pechos sentía que su función correcta no era excitarme sino ¡dar de comer a mi hijo! Ahora, soy capaz de separar mi identidad sexual de mi identidad materna y me doy cuenta de que el cambio es muy saludable».

Después del parto, para mantener tu autoestima en buen estado y gustarte tanto como siempre, es necesario que te cuides mucho y trates de recuperar tu peso habitual. Date tiempo y no te obsesiones si se instala en tu cuerpo algún kilito de más.

Maite aprendió a sacarle partido a su nueva constitución y a gustarse tanto o más que antes: «Ahora, como soy una madre que está todo el día pendiente de su bebé y he dejado el gimnasio, me he engordado más de la cuenta. Me resulta difícil reconciliar mi cuerpo con la joven sexy que había sido, pero estoy aprendiendo a quererme como si fuera una diosa de caderas anchas, así como a disfrutar de la increíble experiencia vital que entraña la maternidad. Lo más importante es sentirse a gusto una misma, con unos kilillos de más o con tu peso ideal».

Tampoco nos ayuda la idea que ofrece la televisión sobre la maternidad, porque suele caer en la exageración: o nos presenta a madres agobiadas por tener que compaginar el trabajo fuera de casa con las tareas domésticas, o nos muestra a madres ricas y famosas que llevan un estilo de vida totalmente inalcanzable para la mayoría de nosotras. A las primeras se las culpa por tener vida sexual y a las otras se las alaba por esa misma razón.

Puesto que muchas madres no nos sentimos identificadas con esas imágenes, encontramos deprimente esta noción de maternidad. Si maternidad significa tener una casa impecable, educar a niños perfectos y proyectar una imagen de millonaria, ¿quién no se sentiría una fracasada? Tenemos derecho a mostrarnos recelosas de esa imagen falsamente sexy e impecable de la maternidad. Pues el primer gran objetivo de toda madre es sentirse bien dentro de su propia piel y no complacer a cualquier precio a su pareja e hijos, limitándose a ocupar un discreto segundo plano. Y no, eso no es egoísmo. Entérate bien: cuánto más a gusto te sientas tú, más lo transmitirás a los demás y mejor se sentirá tu familia a tu lado. Seguramente habrás asimilado (de tus padres, abuelos...) la filosofía de que una buena esposa se debe responsabilizar de la satisfacción de su marido. Durante décadas se ha alentado a las esposas a mantener una vida sexual en la que su placer sea algo totalmente secundario y supeditado al hombre.

Muchas madres se dan cuenta de que tardan un tiempo en volver a sentir su impulso sexual; y en parte, a veces, está motivado por la transformación que experimentan sus cuerpos. Al sentirse gordas y flácidas tras el parto, creen que han dejado de ser atractivas y deseables, y eso acaba repercutiendo en su propio apetito sexual. Recuperar ese impulso es cuestión de relajarse y explorar las nuevas respuestas sexuales, en lugar de «preocuparnos» tanto por nuestro aspecto físico. Recuperar la forma es sólo cuestión de tiempo y de cuidarse adecuadamente con un poco de ejercicio y una alimentación equilibrada.

Evidentemente, todas queremos conservar nuestro atractivo sexual, pero colocar un listón excesivamente alto puede provocar un círculo vicioso de desagrado con una misma: nos sentimos poco deseadas, lo cual inhibe nuestra capacidad para proyectar una confianza sexual que otras personas encontrarán atractiva. Al final, acabamos creyendo que hemos perdido nuestro *sex appeal*.

«Me siento muy gorda y emocionalmente agotada. Ya no atraigo a los hombres porque nadie me mira dos veces por la calle. Me siento vieja y pesada, como si ya no pudiera agradar o divertir a nadie.»

Los problemas relativos a la imagen de una misma no siempre giran en torno al aspecto físico. Si en tu primera experiencia materna no predomina el amor instintivo y la sensación de pertenencia hacia tu bebé, es posible que te sientas fatal, pero debes saber que no estás sola. Comunicarse con otras madres es una experiencia muy gratificante.

«Me sentía totalmente perdida, y era una sensación espantosa. Recientemente he vuelto a ser, poco a poco, la de antes. Recuerdo que sentía como si toda la luz que tenía, esa luz que brillaba tanto, perdiera su fuerza. Tenía la impresión de que era la única madre que no estaba totalmente extasiada con su bebé. Es cierto que lo amo con locura, pero esos otros sentimientos eran reales y parecían corroer mi conciencia.»

Recuerda que una buena opción a tener en cuenta es asistir a las clases posparto que realizan los centros de salud. Infórmate si en el centro de salud más cercano a tu vivienda realizan este servicio a mamás que se sienten «desesperadas»... Estas reuniones con otras madres y expertas comadronas relajan mucho. Normalmente son clases semanales donde se exponen dudas, miedos, temores... sobre tu bebé y sobre ti misma, tu sexualidad, tu pareja, tu espacio, tu cuerpo... Compartes tus problemillas con otras madres que atraviesan, en la mayoría de casos, las mismas situaciones que tú, y esta sensación es tranquilizadora y reconfortante. Asistes con tu bebé y te dan consejos para que vayas conociéndolo mejor. Además, te enseñan a hacerles masajes para relajarlos y, sobre todo, te aconsejan que les des todo el cariño y amor que ellos requieran, pero sin olvidar nunca tu faceta de mujer sexual dentro de la pareja. Para mí resultaron unas sesiones muy positivas.

Mensajes negativos

Respecto a la imagen que tenemos de nosotras mismas, nos sobran demonios internos con los que lidiar. Nuestro cuerpo ha cambiado, debemos establecer un nuevo orden de prioridades y tenemos que afrontar nuevas exigencias. Nuestra capacidad para abordar estos cambios tan radicales incide directamente en nuestra confianza sexual. Pero aunque logremos superar todas nuestras dudas, nadie puede predecir los obstáculos que nos colocarán otras personas a lo largo del camino. Si enfocamos el tema sexual y el de la maternidad por separado, habrá mucha gente que nos criticará. Pero si unimos esos dos conceptos y hablamos de una «madre sexual», lo que haremos será abrir una caja de Pandora repleta de críticas.

La historia de las actitudes hacia la sexualidad de la mujer nos ha enseñado algo fundamental: que no nos debemos creer todo lo que leemos u oímos. La sociedad, la ciencia, la religión y nuestros ruidosos vecinos tratarán de definir lo que es apropiado para nosotras, pero sólo tú sabes qué es el sexo y cómo incorporarlo a tu vida. Si identificas todos esos argumentos incoherentes que sustentan cualquier ataque contra su expresión sexual, los sabrás desenmascarar: no se trata de una crítica personal a tu maternidad, sino de una máscara que oculta los complejos de otras personas. Cada vez que desvías las flechas que atentan contra tu vida sexual, tu autoestima se fortalece y la imagen que tienes de ti misma queda más definida.

- **Mito 1: Las madres no son objeto de seducción.** Uno de los golpes más duros a nuestra propia imagen es darse cuenta de que muchas personas no pueden entender que una madre sea objeto de seducción. A veces, nos convertimos en objeto de compasión, o incluso de admiración por la tarea que llevamos a cabo todos los días, pero cuesta ver miradas de deseo.

  «Cuando estaba embarazada tuve la sensación de ser invisible y esa sensación perdura incluso cuando estoy en público con mi hijo. Curiosamente, los hombres flirtean conmigo cuando no lo llevo conmigo.» Y eso mismo les ocurre a otras muchas madres.

  «Me sentía muy cómoda con mi sexualidad, pero otras personas me veían como a una 'madre'. Los hombres dejaron de mirarme en el supermercado cuando llevaba a mi bebé en brazos. Me miraban como mirarían a sus madres. Me sentí un poco decepcionada.»

  Existen muchas razones que explican esa invisibilidad sexual. La gente supone que estás al margen del mundo y te tratan como tratarían a su propia madre. No quieren interferir con tu familia. Pero tú debes recordar que esa reacción no es un reflejo de tu encanto. Descubrirás, al igual que descubren otras muchas madres, que es un alivio llamar un poco menos la atención en el plano sexual.

Tengo muchos amigos hombres y ahora que soy madre mantenemos una relación más estrecha. No parecen sentirse amenazados por mí como lo estarían con otras chicas. Un amigo mío, que siempre me echa los tejos, acostumbra a decirme: «Eres una madre cañón». Supongo que lo hace porque soy mujer, pero también porque soy madre. Creo que eso le hace sentirse cómodo y a gusto conmigo.

Mito 2: Los papás son sexys, las mamás no. Aunque muchas personas no pueden concebir la idea de que una madre sea también una mujer sexy, a nadie le cuesta imaginarse a un padre sexy. Por algún motivo, la paternidad les convierte en seres tiernos, dulces y atractivos... Si sales a pasear sola con tu hijo, te volverás invisible, en cambio, si tu pareja hace lo mismo recibirá todo tipo de atenciones. ¿Por qué los hombres que parecen padres solteros actúan como imanes y en cambio las mujeres pasamos desapercibidas? Seguramente porque ocuparse de un hijo «suma puntos» de cara a posibles conquistas femeninas.

En otro ejemplo de doble moral, todo el mundo da por sentado que los padres tienen vida sexual, pero no ocurre lo mismo con las mujeres. A las madres que dan prioridad a sus necesidades sexuales se las tilda de negligentes; en cambio, los padres que tienen vida sexual simplemente llevan una vida saludable y normal.

- **Mito 3: el sexo sirve para procrear.** La «revolución sexual» y la invención de la píldora anticonceptiva proclaman el hecho de que el sexo es una actividad que se debe practicar por la simple razón de que es placentera. Algunas personas siguen creyendo que los padres sólo mantienen relaciones sexuales para reproducirse. O creen que cuando te conviertes en madre (o padre) te olvidas del sexo por completo.

  «Algunas de mis amistades daban por hecho que jamás tendría una vida sexual 'normal' después de dar a luz. 'Es una pena que ahora seáis padres. Se os acabó el sexo', decían.»

- **Mito 4: Todas las familias son perfectas.** Si tu familia no encaja en un modelo «ideal», por muy fuerte que sea tu autoestima, siempre es un desafío enfrentarte a todas las premisas falsas con las que te encuentras a lo largo del camino.

  «Al ser una madre adoptiva, tuve que soportar los comentarios groseros de otras mujeres sobre el hecho de que yo no era una madre 'de verdad'.»

  «Estoy harta de la gente que me pregunta sobre el padre del bebé. Me entran ganas de restregarles delante de sus narices una foto de mi novia y decirles: '¡Aquí está papá!'»

  «A veces, cuando salgo a la calle con mi hija, me siento como si tuviera que llevar un letrero que dijera: 'Hola, soy una madre soltera deseable, estoy disponible y me encanta el sexo. ¡Sal conmigo!'. Por el hecho de ser madre, la gente supone que tengo pareja o no estoy interesada en ligar.»

Las mamás saben amar mejor

Dejemos atrás los problemas. Muchas mujeres descubren que al ser madres se sienten más completas, como si dos mitades se unieran: la parte materna y la parte sexual para crear a una espléndida mujer. Y su deseo sexual está más acentuado que nunca, porque creen que el sexo es una parte integral de la persona, lo cual también mejora su faceta como madres:

«Estoy más cómoda con mi sexualidad porque me siento conectada con el ciclo de la vida. Parece un comentario anticuado, pero ésa ha sido mi experiencia.»

«Me percibo como una mujer sensual. Me siento muy conectada a la tierra, como si fuera un ser espiritual. Esto ha repercutido enormemente en mi sexualidad.»

Otras mujeres consideran la maternidad como el origen de un poder recién descubierto, que se traduce en una mayor seguridad en el plano sexual:

«Me convertí en una diosa sexual porque tengo más claras las ideas sobre mi cuerpo y el poder femenino.»

Es posible que tu maternidad haya inspirado un nuevo respeto y admiración hacia tu cuerpo. Muchas madres biológicas descubren que los cambios corporales (aumento de peso, caderas anchas...) dan un impulso inesperado a la imagen que tienen de su propia sexualidad, y se sienten cómodas y deliciosas con las redondeces de su cuerpo.

Descubrir las capacidades creativas de tu cuerpo, tu fuerza y tu resistencia puede darte resultados sorprendentemente eróticos:

«Creo que soy mucho más atractiva y sexy que en el pasado. ¡Me siento más libre sexualmente porque fui capaz de crear a esos hermosos niños gracias al sexo! Ser madre me ha enseñado a apreciar mucho más mi cuerpo.»

Después de hablar con muchas madres constaté que el sexo nos ayuda a tomar conciencia de nuestras facultades creativas, si las hemos olvidado después de la maternidad.

«Viví una experiencia sexual muy especial tras la muerte de nuestro primer hijo. Después de su nacimiento prematuro, el período de hospitalización y el fallecimiento, mi cuerpo se quedó totalmente entumecido. No podía sentir nada. Estaba completamente destrozada. Y fue a raíz del sexo que empecé de nuevo a recobrar el tacto y la conciencia de las sensaciones físicas. El sexo volvió a conectarme con mi cuerpo. Nuestro segundo bebé nació en el arcén de una carretera, sin que ninguna comadrona nos ayudara. Fue una de las experiencias más fortalecedoras de mi vida.»

«Las mamás son mejores amantes» puede parecer un eslogan publicitario, pero muchas madres confirman esa frase, porque las cualidades que nos convierten en buenas madres (atención y generosidad) son precisamente las cualidades que nos convierten en buenas amantes.

«Mis hijos me enseñaron a amar incondicionalmente a alguien. Aprendí a expresar mejor el amor hacia mi pareja, lo cual mejoró también nuestras relaciones sexuales.»

Por otro lado, no es conveniente hacer una distinción arbitraria entre amor maternal y amor sexual. De hecho, el amor maternal es sólo una faceta del amor erótico, porque es la imaginación erótica y la generosidad de nuestro espíritu lo que hace posible ese sacrificio «maternal» incondicional.

Además, muchas mujeres descubren que la maternidad les aporta una mayor madurez sexual. La competitividad, la vanidad y la búsqueda de una posición social quedan reemplazadas por una mayor autenticidad:

«Mi energía sexual es más potente y creo que se trasmite en distintos aspectos de mi vida. Me siento más libre y creativa. Más madura y capaz de expresar mis deseos sin pudor.»

«Me siento sexy de una manera muy distinta. Me noto completa, una mujer experimentada, no una jovencita que se deja seducir fácilmente.»

«Ser madre a los veinte años fue todo un despertar para mí. Creía que ser sexual significaba ser deseable, y con ello poder manipular mi sexualidad para obtener un provecho físico, económico o psicológico. Al ser madre, entré en contacto con los aspectos más sagrados y elementales del sexo, y que ahora forman una parte permanente de mi identidad sexual. Creo que esta sexualidad materna puede ser mucho más atractiva para mí y para los demás. Siento que tengo el control de la situación.»

Ser madre te enseña a sentir una verdadera intimidad. Un bebé exige cercanía y confianza, por lo que cuando descubras tu capacidad para crear esa intimidad maternal, verás que también tiene cabida en tu intimidad sexual y te obsequiará con una poderosa y radiante sexualidad que le encantará a tu pareja.

Pronto te darás cuenta de que tu nueva confianza en ti misma (el factor «madre protectora») te convierte en una persona más íntegra e interesante.

Por otro lado, no hay nada que mejore más la imagen que tienes de ti misma como desafiar al sistema, afirmar tu propia individualidad y reclamar tu derecho al sexo como toda mujer y madre debe tener. Mientras tanto, planteas un desafío a los demás para que te vean de otra manera y participas en un proceso de cambio y crecimiento que esperamos sirva para otorgar a la sexualidad de las madres el respeto que merece. Según el consejo de algunas:

«Me familia me comentó que dejara de utilizar pintalabios rojo y de ponerme ropa ceñida... Decían que debía madurar y adaptarme a mi nueva situación de madre; pero ¿qué tenía eso que ver con la ropa o el color de mis labios? ¡Sólo tenía 27 años! Por suerte no les hice caso y seguí cuidando mi aspecto juvenil y sexy. Ahora me siento la mamá más atractiva del mundo.»

«Mi vida sexual era monótona y aburrida, así que me propuse darle un giro radical. Empecé a vestirme con ropa que yo consideraba sexy y a ir al gimnasio con regularidad. Cuidar mi aspecto me ayudó a sentirme más segura y deseable... ¡Tenía más ganas de hacer el amor! Renové toda mi lencería, me compré libros y películas de sexo y empecé a proponerle a mi pareja todo tipo de posturas y cosas nuevas en la cama ¡Estaba encantado! Al principio se extrañó un poco y pensó que atravesaba algún tipo de crisis, pero cuando me vio tan contenta y satisfecha, empezó a verme como una mujer a quien le gusta el sexo.»

Tu vida sexual tiene la capacidad de llenarte con la misma vitalidad y alegría que tus hijos. Cuando unes estas dos poderosas energías, la maternal y la sexual, mejorarás sustancialmente la imagen que tienes de ti misma y, de paso, harás un favor a tu familia.

A gusto con tu cuerpo

Una imagen positiva de ti misma

No hay nada tan atractivo sexualmente como sentirse guapa y segura. Gustarse es el imán más potente para atraer a tu pareja. Y es que el verdadero encanto y atractivo natural no surge de un cuerpo fabuloso, sino del interior de una misma, de la autoconfianza, el amor y el respeto por nuestro aspecto y personalidad.

Sólo tienes un cuerpo y has de vivir con él toda la vida (y eso incluye las transformaciones, como el embarazo, que pueda sufrir a lo largo de tu existencia). Así que, si no quieres pasarte el resto de tu vida lamentándote, empieza a quererlo tal y como es. Si caes en la trampa de contemplar los cambios de tu cuerpo con disgusto o vergüenza, acabarás gestando complejos que luego te costará mucho superar.

La mejor manera de amar tu cuerpo es conocerlo y aceptarlo; asumir tu peso saludable en cada momento (durante el embarazo, las semanas de posparto, los primeros meses...), y no desesperarte por entrar en seguida en la talla que tenías antes. Todo requiere un proceso. Sin embargo, no te abandones bajo ningún concepto. Si durante el embarazo te has engordado más de la cuenta, ponte a dieta o, al menos, esconde los dulces y las galletas. Vale la pena. No pienses que ya está todo perdido y que la maternidad implica una transformación radical de tu cuerpo, porque no es así. Está bien, quizá tus caderas se ensanchen un poco y tu barriga pierda tonicidad, pero un embarazo no justifica que diez kilos de más se instalen definitivamente en tu cuerpo.

No soy psicóloga, ni experta en autoestima (yo también he tenido que enfrentarme a mi monstruo interior en varias ocasiones), y soy consciente de que el concepto que tenemos de nosotras mismas es difícil de cambiar leyendo un libro. Pero también creo, sinceramente, que podemos cambiar de actitud y ser más tolerantes con la imagen que tenemos de nuestro propio cuerpo.

Hacer un esfuerzo por detectar y cambiar los obstáculos innecesarios que nos impiden disfrutar de nuestra sexualidad es una tarea que, aunque no es sencilla, nos aportará importantes beneficios. No puedes quitarte de encima un complejo de inferioridad sexual de la noche a la mañana, mirándote en el espejo y repitiéndote que nadie es tan sexy como tú, pero si trabajas a fondo tus falsas creencias transformarás la imagen distorsionada que tienes de ti misma.

Para muchas mujeres, la autoestima sexual está estrechamente relacionada con la imagen que proyecta su cuerpo. Si te sientes fea y poco deseable, tiendes a limitar tus encuentros sexuales. En cambio, cuando estás cómoda con tu cuerpo, disfrutas más y mejor de la sexualidad.

La belleza de la imperfección

Para la mayoría de mujeres, aprender a aceptar su cuerpo es una batalla que dura toda la vida. Todas sabemos que los medios de comunicación muestran modelos estrictos de lo que constituye «belleza» y «sensualidad», y aunque esos prototipos sean muy limitados y la belleza es algo muy subjetivo, todas nos vemos afectadas por ellos. Salta a la vista que muchas mujeres viviríamos más tranquilas si pudiéramos aunar el ideal de belleza actual con nuestro verdadero aspecto físico. Pero los medios de comunicación son sólo parte del problema. Aunque pasemos por etapas en las que toleramos, más o menos, nuestro aspecto físico, la mayoría envidia el cuerpo de otra mujer o alguno de sus rasgos que en nosotras consideramos imperfecto. Pero no hay valor menos objetivo que la belleza… y, en ningún caso, debemos permitir que los demás (presión social, medios de comunicación, etc.) nos digan qué es bello y qué no. Aprende a sacar partido de tu belleza potencial y a contemplar tus diferencias como rasgos especiales que te hacen única.

Recuperar la figura

Hay mamás que poco tiempo después de dar a luz ya lucen casi la misma talla que antes; su cara está resplandeciente y se sienten más guapas y sanas que nunca… Otras, en cambio, necesitan un poco más de tiempo para recuperarse.

Después de dar a luz a Ariadna, antes de abandonar el hospital, mi pregunta fue... «¿Cuánto tiempo tardaré en perder esta barriga que parece un flan?». La enfermera me aseguró que en un mes, más o menos, volvería a tener el aspecto de antes, pero a mí me costaba creer que aquello fuera posible. ¡No debes preocuparte! A algunas mujeres les cuesta menos que a otras... pero lo que es seguro es que todo vuelve a su sitio. Al mes de dar a luz yo ya estaba con la misma talla que antes. Pero no te estreses, la recuperación de cada mujer puede variar mucho.

Conseguir de nuevo el peso ideal depende de varios factores como la alimentación, la constitución propia de cada una, la actividad... Pero lo más importante para sentirse bien con una misma es tener paciencia y cuidarse mucho.

A menos que tengas un problema de sobrepeso excesivo (en cuyo caso debes acudir a un especialista), ni se te ocurra perder peso de forma brusca con estrictas dietas mientras estés amamantando. Tu cuerpo está produciendo leche y requiere más calorías que nunca; de lo contrario, se sentirá cansado, falto de energía y con las defensas bajas. La buena noticia es que la lactancia te ayuda a recuperar la figura debido a la combustión de las grasas. Debo reconocer que, en mi caso, dar el pecho a mi pequeña fue clave para recuperarme con rapidez. Comía mucho y, sin embargo, fui perdiendo peso de una forma asombrosa.

Si has optado por los biberones y te encuentras bien, puedes iniciar una dieta equilibrada para recuperar tu peso y una tabla de ejercicios para tonificar tu cuerpo. Al principio, evita los deportes de impacto (aeróbic, tenis, correr...) y consulta a tu médico cualquier duda que tengas al respecto. Si te han practicado una cesárea, espera al menos seis semanas antes de realizar cualquier ejercicio.

Si ha habido un desgarro o episiotomía, no debes hacer estiramientos hasta que las heridas hayan cicatrizado.

Lo ideal es comer lo más natural posible, evitando los alimentos refinados, enlatados, con aditivos, azucarados... y seguir una dieta equilibrada donde no falten frutas, verduras, cereales, legumbres, frutos secos y proteínas.

Muchas veces, el mismo estrés, el ir de allá para acá con el bebé, ayuda a recuperar la figura. Pero recuerda que te debes cuidar mucho y alimentarte bien, sobre todo si has decidido amamantar a tu bebé.

Los cuidados del suelo pélvico tras el parto. El suelo pélvico está formado por los músculos que sostienen la parte baja del abdomen. En ellos se apoyan la vejiga, el útero y el intestino inferior, y por ellos pasan los conductos de salida de esos mismos órganos: la uretra, la vagina y el recto.

Durante el embarazo el suelo pélvico se debilita al soportar el peso del útero. El parto también afecta a esta zona debido a la distensión natural de los músculos. Pero es importante que estén sanos y fuertes para evitar posibles disfunciones sexuales (como dispareunias -dolor en las relaciones sexuales-, disminución de la sensibilidad o dificultad para llegar al orgasmo) y otros trastornos como la incontinencia urinaria o pérdida involuntaria de orina o los prolapsos (descensos de los órganos de la pelvis (vejiga, matriz, útero o recto).

Los ejercicios de contracción muscular -conocidos con el nombre de ejercicios de Kegel para la recuperación del suelo pélvico- son ideales para fortalecer el suelo pélvico y evitar que los órganos que descansan en él desciendan de manera pronunciada. En cuyo caso, puede requerir incluso intervención quirúrgica. La doctora Mónica Casas, fisioterapeuta del suelo pélvico, recomienda un sencillo ejercicio para mantenerlo en forma. Consiste en imaginar que estás orinando y apretar para cortar la salida del pipí, pero nunca se debe realizar mientras se está orinando. Contrae en dos ritmos, lento y rápido. Al principio, contrae lentamente, subiendo los músculos y aguantando la tensión durante cinco segundos; relaja durante unos diez. Repite el ejercicio cinco veces. Después, contrae con rapidez y, en lugar de mantener la tensión durante unos segundos, relaja de inmediato. Repite este ejercicio cinco veces.

Para muchas mujeres, esto es un tema totalmente desconocido y puede alarmar, sobre todo si se trata de un prolapso. En el caso de la pérdida involuntaria de orina, puedes llegar a pensar que es normal después de parir. ¡Y no lo es! Es muy importante que si notas cualquier síntoma extraño acudas a tu ginecólogo. Actualmente, profesionales fisioterapeutas del suelo pélvico, que colaboran con ginecólogos, pueden solucionarte el problema a partir de la rehabilitación perineal y del suelo pélvico mediante biofeed-back y estimulación funcional eléctrica.

Segura de ti

Hasta cierto punto, nuestra obsesión por mejorar nuestro cuerpo refleja el deseo de tener un mayor control sobre nuestra vida. No es de extrañar entonces que, en ocasiones, nos apuntemos desesperadamente al gimnasio, sigamos estrictas dietas o nos sometamos a operaciones de cirugía estética (a veces, poco recomendables). Queremos ser mujeres de hoy, modernas, atractivas, guapas, sexys... pero después de una dura jornada (trabajo, niños, casa...) es difícil encontrar tiempo para depilarse, exfoliar la piel, tonificarla o adelgazar. Entonces nos invade una sensación de lucha con nuestro cuerpo. Pero, ¿por qué estamos siempre tan obsesionadas con nuestro aspecto, en vez de ocuparnos de nuestra vida sentimental? Quizá porque se nos juzga más por nuestro físico que por nuestras emociones. Los estándares de belleza pueden cambiar con el paso del tiempo, pero todo el mundo sabe que ser guapa otorga mucha seguridad y poder. Desgraciadamente, en vez de ampliar nuestro concepto de belleza, la sociedad se empeña en imponer unos estrictos códigos visuales que provocan mucho sufrimiento.

Necesitamos un concepto de belleza que sea revolucionario, que proclame la belleza innata y única de cada cuerpo. Pero, para ello, debemos ser valientes y aprender a valorar nuestra imagen.

Es importante que desarrolles una imagen más positiva de tu cuerpo por varios motivos: por ti misma, por tu pareja y por el resto de mujeres jóvenes que hay en tu vida y puedes influir con tu comportamiento.

¿Nunca te has parado a pensar cuántas personas normales y corrientes disfrutan de una vida sexual activa? La química sexual trasciende los estándares de la belleza, pero nosotras nos empeñamos en creer que el sexo sólo es para las personas jóvenes, liberadas y atractivas, en parte porque no recibimos de la sociedad ningún indicio de lo contrario.

Tener un concepto negativo de tu cuerpo hace bajar la libido hasta niveles insospechados. Según una encuesta publicada en una conocida revista femenina, un tercio de las mujeres entrevistadas contestaron que «sentirse gorda o fea» les impedía tener relaciones sexuales. Un porcentaje aún mayor de mujeres respondió que un elogio o piropo con respecto a su aspecto físico les gustaba incluso más que el sexo. Lo curioso es que no hay nada mejor para reforzar la imagen corporal que una vida sexual satisfactoria. El sexo nos hace sentir deseables, guapas, atractivas...

¿Cómo eres **sexualmente?**

A menudo estamos demasiado preocupadas por el sexo, nos obsesionamos con él o deseamos que sea totalmente distinto a lo que es. Sin embargo, elaborar un listado de tu perfil sexual puede ser muy revelador. Reflexiona sobre las cuestiones que a continuación te planteo. Le sacarás el máximo partido si las respondes por escrito y reflejas sobre el papel todos tus sentimientos al respecto.

- ¿Qué mensajes sexuales recibiste durante tu infancia?
- ¿Qué te explicaron acerca de la reproducción, el sexo o la masturbación?
- ¿Guardas recuerdos positivos de la pubertad?
- ¿Cómo fue tu primera experiencia sexual?
- ¿Cuáles han sido las experiencias sexuales más positivas y negativas de tu vida?
- ¿Qué partes de tu cuerpo te gustan más? ¿Cuáles te desagradan?

- ¿Crees que el control de la natalidad, el embarazo y/o el parto han afectado de algún modo tu sexualidad?
- ¿Qué prácticas sexuales experimentas en la actualidad?
- ¿Cuáles son tus fantasías?
- ¿Qué aspectos te gustaría cambiar de tu vida sexual?

Los mensajes que recibimos (a través de películas, libros, anuncios...) influyen mucho en la percepción que tenemos del sexo. En ellos nunca vemos personas normales y corrientes haciendo el amor. ¿Qué hacen con la celulitis, la calvicie o los pechos caídos? Entendemos que es un recurso estético que trata de exaltar la «belleza»; pero también hay que desprenderse del culto a la perfección y comprender que no hay valor más subjetivo que la belleza.

Para superar esa barrera conviene experimentar la perfección de nuestro propio cuerpo mientras hacemos el amor... Y darnos cuenta de que para besar bien no es preciso perder peso; y los orgasmos no tienen nada que ver con tener una frondosa melena o unos dientes de anuncio. El sexo debe ser un descanso mental para todas las críticas con las que regularmente te castigas.

Tú misma puedes tender un puente hacia una auténtica sexualidad observando a mujeres que conozcas y que rebosen sensualidad. Seguramente conoces a mujeres que no tienen un cuerpo escultural y que, sin embargo, emanan autoestima y encanto. Por otro lado, no todas las modelos se sienten seguras de sí mismas. Sentirte segura y plena como mujer es un proceso de aceptación en el terreno físico, emocional y mental. Las ideas y las emociones que tienes acerca de ti misma configuran no sólo la forma en que tú ves el mundo, sino cómo te ven los demás.

¿Cómo le afecta a él tu autoestima? A menudo, tener poca autoestima no sólo se convierte en una forma de castigarte a ti misma, sino también de castigar a tu pareja. Las mujeres que no se sienten a gusto con su apariencia son propensas a rehuir las muestras de afecto y los guiños sexuales de su pareja. Pero si él tiene ganas de hacer el amor contigo, no es necesario que le enfríes con tus quejas sobre lo gorda que te sientes y el poco tiempo que tienes para ir al gimnasio durante la semana. Si te relajas, le abrazas y te concentras en el tacto de su piel, la alegría inconsciente que provoca la satisfacción sexual te invadirá mucho antes de lo que crees.

Las imágenes negativas de nuestro cuerpo nos convierten en seres vulnerables ante el afecto que nuestro amante pueda sentir hacia otras personas, o incluso hacia sus fantasías sexuales. Cuando eso ocurre, tendemos a considerar a esa «otra persona» u «objeto» como un reflejo de nuestra inferioridad o incompetencia. Si tu marido alaba las largas piernas de su actriz favorita, eso no significa que le desagraden las tuyas. Debemos sacarnos de la cabeza cualquier complejo de inferioridad que nos lleve a pensar: «No soy buena en la cama». Es preferible fijarse en las situaciones o personas que despiertan tus instintos y deseos sexuales. La curiosidad sexual es el primer paso en el camino de la generosidad sexual.

Da ejemplo a las mujeres de tu entorno. Y por último, forjarse una idea positiva de tu cuerpo es el mejor regalo que puedes ofrecer a todas las mujeres que te rodean. Las chicas crecen en un mundo en el que predomina la autocensura del propio cuerpo.

Cada vez que tu hija, tu sobrina o tu hermana pequeña te vean delante de un espejo frunciendo el ceño o con un gesto de desagrado, recibirán el mensaje de que el aspecto físico de una mujer debe ser perfecto y que, en su defecto, es motivo de ansiedad. La mayoría de mujeres que han tenido una madre con una idea negativa de su cuerpo heredan esa misma insatisfacción con su aspecto físico. Y las niñas que no se sienten a gusto con su cuerpo son propensas a padecer trastornos alimenticios (anorexia, bulimia...)

Las adolescentes atraviesan una etapa vital en la que las inseguridades y los complejos pueden marcar el resto de su vida, por eso necesitan la afirmación de las mujeres adultas que las rodean. Desgraciadamente, esa necesidad casi siempre estimula el deseo masculino. Es decir, que las mujeres jóvenes que detestan sus cuerpos no toman decisiones acertadas respecto a sus parejas. Puesto que desean ser queridas, son susceptibles a la manipulación, a los halagos e incluso a los abusos.

Refuerza tu autoestima

Resulta difícil silenciar los mensajes negativos que escuchamos en nuestra cabeza o romper con el hábito de quejarse habitualmente en compañía de otra mujer. Para evitar estas prácticas nocivas, conviene que refuerces tu autoestima y, por qué no, tu sentido del humor. Así, la próxima vez que alguien te diga: «Tienes buen aspecto, ¿has perdido peso?», toma aire y contesta divertida: «En realidad he ganado algún kilo pero, últimamente, tengo unos orgasmos tan fantásticos que me sientan de maravilla».

Para empezar a reforzar tu autoestima, haz caso a estos consejos prácticos. Te ayudarán a reforzar la relación que mantienes con tu cuerpo y tu sexualidad:

- **Respétate.** No te maltrates con pensamientos, sentimientos o afirmaciones de autodesprecio y empieza a comportarte como una buena amiga para ti. Si sustituyes la rabia hacia ti misma por comprensión y el desprecio por amor... empezarás a sentirte a gusto contigo misma y a gustar más a los demás.

- **No te critiques.** Deja de lamentarte acerca de todo aquello de tu cuerpo que te disgusta. Evita referirte a los michelines, a las dietas, a la celulitis y al cuidado del cutis. Cada vez que sientas la tentación de soltar un comentario crítico sobre tu cuerpo, imagina lo incómoda que te sentirías si alguien criticara en tu presencia a un ser querido. Ya sé que es mucho más fácil ser generoso con los demás que con una misma, pero si quieres que los demás te respeten y te aprecien por lo que eres, empieza por tratarte con cariño.

- **Potencia tus puntos fuertes.** Elabora un listado de las cualidades que siempre has admirado en ti (éstas no deben ceñirse exclusivamente al terreno físico). Describe por qué aprecias tanto estas cualidades y si crees que son sensuales.

- **Mejora tu aspecto.** Invierte tiempo y algo de dinero en tu aspecto físico. Cambia de peinado, compra ropa nueva y favorecedora, aprende a maquillarte con naturalidad, usa rímel para alargar tus pestañas, brillo para los labios y crema de manos para suavizar tu piel ¡Todos querrán acariciarlas!

- **Date un capricho.** Obséquiate con un masaje corporal de treinta minutos. Déjate embargar por la sensación de ser tocada por manos expertas y relájate.

- **Haz ejercicio regularmente.** Camina, corre en bicicleta, nada... Tonifica tu cuerpo y te sentirás rejuvenecida.

- **Habla de sexo.** Habla con tu pareja y amigos sobre qué comentarios o situaciones rebajan o favorecen tu autoestima. Habla sobre lo que se considera sexy en las películas y vídeos musicales, y compara esos modelos con lo que para ti es sexy en la vida real.

- **Ten las ideas claras.** ¿Qué significa para ti ser una mujer sexy? Cuando te sientes sexy, ¿qué aspecto y sensaciones tienes, y cómo te expresas? Si crees que jamás has sido una mujer sexy, ¿cuáles son tus fantasías al respecto? ¿Te imaginas siendo una mujer diferente?

- **Reflexiona sobre tu historial sexual.** Tus circunstancias (familia y factores culturales y religiosos) y tu vida cotidiana (ambiente laboral, amigos, relaciones...) influyen mucho en tu identidad sexual. Escribe acerca de tu vida sexual para tener una idea clara de lo que has vivido y hacia dónde te gustaría dirigirte.

¿Conoces tu anatomía sexual?

Aunque tengas una opinión positiva de tu cuerpo, tu autoestima sexual puede verse resentida si no cultivas una actitud correcta respecto a tus genitales. Sorprendentemente, muchas mujeres carecen de información fisiológica básica que les permitiría disfrutar más de su sexualidad. De pequeñas, muy pocas recibimos información veraz sobre nuestra anatomía genital. Por lo general, los padres sólo dicen que las niñas tienen una vagina «allí abajo» y que es el lugar de donde salen los bebés. Para una niña sexualmente desinformada, puede ser muy desconcertante descubrir que le resulta agradable tocarse el clítoris y la vulva.

La ignorancia sexual que muchas mujeres arrastran desde la infancia suele repercutir en sus respuestas sexuales.

Muchas mujeres heredan una noción romántica e irreal del amor y del sexo; esperan que un príncipe montado en un caballo blanco venga a rescatarlas y les descubra la misteriosa mecánica del sexo, sin ni siquiera tener que decir: «Acaríciame un poco más a la derecha, por favor».

Como mujer, estoy convencida de que resulta muy instructivo sentarse desnuda con un espejito y observarse los genitales, así como experimentar con los tipos de estimulación que más te satisfagan.

Descubriendo tus órganos genitales. Los genitales femeninos externos reciben el nombre de vulva y están constituidos por los labios, el clítoris, la apertura vaginal y la uretra.

LOS LABIOS

Los labios mayores: son dos pliegues largos y carnosos, cubiertos de vello púbico, y compuestos de tejido graso y eréctil, (como el pene, aumentan de tamaño cuando la mujer está excitada). Tienen muchas terminaciones nerviosas, iguales a las del clítoris y son muy sensibles al tacto.

Los labios menores: son los labios internos, suaves y sin vello, que recubren la uretra y la apertura vaginal. Se unen en la parte superior de la vagina para formar una capota sobre el clítoris. Están cubiertos de unas terminaciones nerviosas que los hacen explosivamente sensibles. También son «eréctiles» y cuando la mujer está excitada tienen un aspecto más hinchado y oscuro. Generalmente no son simétricos y su aspecto varía mucho de una mujer a otra. Algunos están muy escondidos y otros cuelgan por debajo de los labios mayores. Muchas mujeres sienten vergüenza al creer que sus labios son deformes o desiguales porque uno es más bajo que otro, o porque no se cierran discretamente dentro de la vulva. Como las mujeres suelen ver pocas imágenes de vulvas a lo largo de su vida, tienen una idea equivocada de su aspecto. Si alguna vez has pensado que tus genitales son anormales, consulta tus dudas con tu ginecólogo; seguramente, tus temores son infundados.

EL CLÍTORIS

Los labios menores se unen en pequeños pliegues en la parte superior de la vulva, justo por encima de las glándulas clitorianas. Si empujas ligeramente hacia atrás este capuchón de piel, te darás cuenta de que muchos clíto-

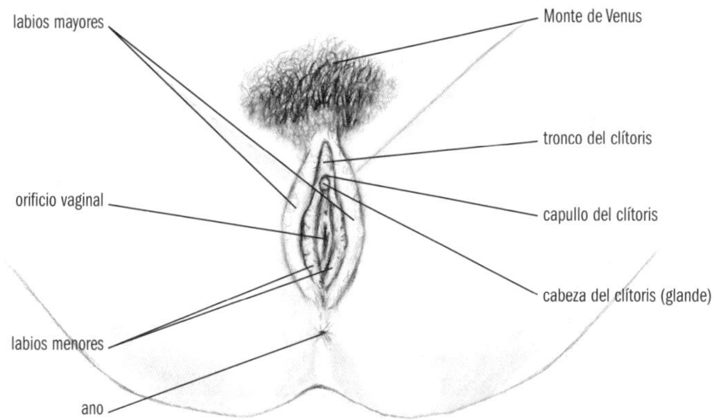

ris se asemejan a una versión en miniatura de un pene (aunque sin la apertura de la uretra). A pesar de que el clítoris es muy pequeño, está compuesto por unas ocho mil fibras nerviosas, la concentración fibrosa más elevada de todo el cuerpo (y constituye el doble que la del pene). Esta glándula tan sensible está situada encima de la corta cavidad clitorial que discurre por debajo de la piel en dirección al hueso púbico. Si pellizcas la piel que hay encima del clítoris, sentirás ese conducto debajo de tus dedos. La cavidad clitorial posee menos terminaciones nerviosas que el clítoris, pero está compuesta de un tejido esponjoso y eréctil que contiene muchos vasos san-

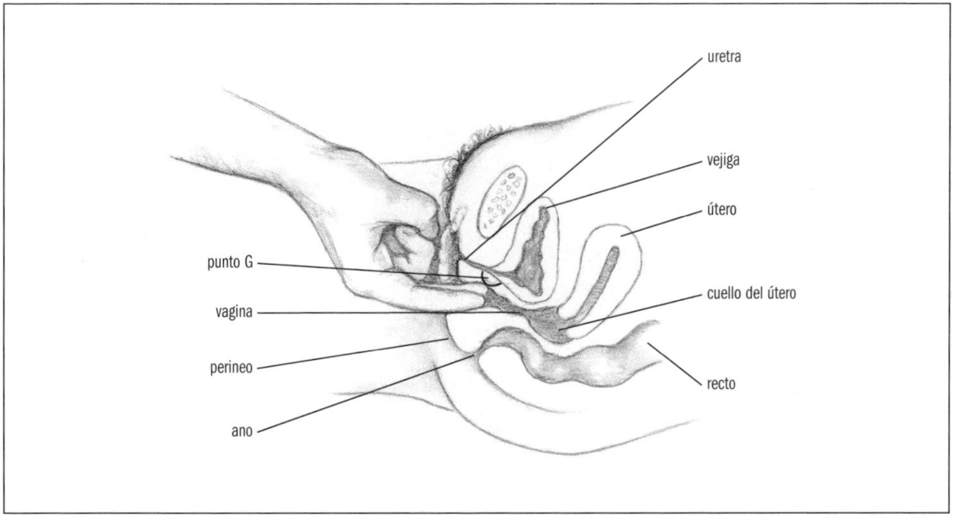

guíneos. Durante la excitación sexual, el incremento del flujo sanguíneo a la vulva amplía los labios y todo el clítoris, que se hincha pero al mismo tiempo se tensa. No es exactamente una erección como la masculina, pero en cierto modo se asemeja mucho. En la anatomía femenina no existe un orgasmo vaginal y otro clitorial, puesto que no podemos estimular ninguna parte de nuestros genitales sin estimular indirectamente el cuerpo clitorial. Los labios y la vagina son zonas erógenas muy sensibles, pero mientras que algunas mujeres pueden llegar al orgasmo con una estimulación general de sus genitales, la mayoría necesitan una estimulación directa del clítoris para llegar al clímax.

LA URETRA

La apertura de la uretra está situada entre el clítoris y la abertura vaginal. La piel en torno a esa apertura es profusa en terminaciones nerviosas, y algunas mujeres encuentran muy agradable la estimulación de esta zona. La uretra en sí es un tubo delgado y corto que expulsa la orina de la vejiga. Discurre paralelamente por encima de la vagina y está rodeada de un tejido esponjoso y eréctil que contiene glándulas y conductos parauretales («para» significa 'cercano a'). Esta esponja de la uretra no es muy grande. El tejido eréctil de la esponja de la uretra se hincha durante la excitación sexual, por eso puedes tocar el punto G ejerciendo presión contra la pared de la vagina. Algunas mujeres encuentran muy gratificante la estimulación del punto G, y otras descubren que puede provocar la eyaculación de un fluido inodoro. Aunque este fluido se expulsa por la uretra, su composición química es distinta a la de la orina. Todas las mujeres poseen una esponja uretral, pero sólo algunas eyaculan.

LA APERTURA VAGINAL

La apertura vaginal está situada debajo de la apertura uretral. La vagina está compuesta de músculos y tejidos recubiertos de una membrana mucosa, mide unos 10 cm de largo y se inclina formando un ángulo de unos 45° hacia el cuello del útero. A pesar de que la vagina suele compararse con un túnel o con un agujero, las paredes vaginales permanecen casi siempre juntas, y sólo se expanden durante los episodios de excitación sexual (o durante el parto).

Si observas el interior de tu apertura vaginal, notarás una superficie un poco ondulada, especialmente en la pared delantera que queda detrás del hueso púbico, donde sobresale la esponja uretral. El tercio exterior de la vagina, que contiene más terminaciones nerviosas que los dos tercios internos, puede ser muy sensible al tacto. Los dos tercios internos de las paredes vaginales son más suaves y más sensibles a la presión que al tacto.

EL PERINEO

El perineo es un pequeño tramo de piel entre la apertura vaginal y el ano, y es una zona erógena. Otro tipo de tejido eréctil, conocido como la «esponja perinea», está situado entre la pared trasera de la vagina y el recto, y probablemente contribuye a la agradable sensación que se percibe durante la penetración vaginal y anal. Durante el parto es posible que el perineo se desgarre, por eso a algunas mujeres se les practica una episiotomía, una intervención quirúrgica en el perineo que evita el riesgo de sufrir más desgarros durante el parto. Puesto que el perineo contiene muchas terminaciones nerviosas y cruces de músculos pélvicos, la episiotomía puede eliminar parte de las sensaciones sexuales, aunque muchas mujeres no han notado ningún cambio en su sensibilidad genital después de esta intervención.

EL ANO

El ano también alberga muchas terminaciones nerviosas, razón por la cual la estimulación anal puede ser tan excitante como la vaginal. Aunque la estimulación anal arrastra el tabú de ser «algo sucio o peligroso», en realidad es una práctica erótica segura y natural. Muchas personas, tanto heterosexuales como homosexuales, encuentran placentera la penetración anal. Si quieres experimentar esta forma de erotismo, primero debes aprender a relajar los músculos del esfínter.

El músculo del esfínter externo es de control voluntario, pero el esfínter interno es involuntario y por tanto se contraerá si fuerzas o precipitas la penetración anal, lo cual será doloroso. Cualquier penetración anal, tanto si es con el dedo meñique como con el pene, siempre debe ir acompañada de una generosa aplicación de lubricante, puesto que el recto no se autolubrica y el tejido rectal es mucho más delicado que el tejido vaginal.

Explora tu **zona íntima**

Aunque seas una persona abierta en temas sexuales, si no conoces y aprecias sinceramente tus genitales, tu vida sexual se resentirá. ¿Alguna vez te ha molestado que tu amante acerque su boca a tu sexo para hacerte un cunnilingus? ¿Te preocupa que le desagrade su olor? Ya va siendo hora de que comiences a apreciar tu vulva y tu vagina.

- Explora con suavidad el vello púbico, los labios mayores de tu vagina, así como la zona muscular del perineo. Después, acaricia todos los rincones de tu vulva, los labios menores y el clítoris. Considéralo una especie de expedición para recabar información, en vez de un intento de excitarte. Permítete experimentar los distintos tipos de piel y de sensaciones.
- Olvídate de los chistes malos sobre el olor de la vagina. Una vagina sana y limpia desprende un olor agradable, pero no te lo creerás hasta experimentarlo por ti misma. Comprueba cómo tus secreciones naturales cambian de textura. Si tu vagina se aleja demasiado de un olor dulce y penetrante, como almizclado, seguramente tengas una infección bacteriana. En ese caso, conviene consultarlo con tu ginecólogo.
- Explora tu vagina para descubrir tus puntos personales de placer. Piensa en la vagina como un reloj, y tus manos como las manecillas. Recorre todo el reloj presionando tus dedos firmemente en las paredes vaginales. Fíjate en tus zonas ultrasensibles. El tiempo pasará volando.

MÚSCULOS PÉLVICOS

Los músculos pélvicos desempeñan una función muy importante en el placer sexual de la mujer, así como en su estado de salud general. Los músculos pélvicos están situados a 2,5 cm por debajo de tu suelo pélvico y están unidos a tu hueso púbico por un extremo del coxis.

Los músculos pélvicos desempeñan un papel vital en el conjunto de sensaciones sexuales que podemos experimentar, puesto que están repletos de terminaciones nerviosas y se contraen involuntariamente durante el orgasmo. Aprender a controlar estos músculos no sólo tiene efectos beneficiosos para la salud, sino que también incrementa nuestra capacidad de respuesta sexual. Si tus músculos pélvicos están tonificados, tendrás una mayor sensibilidad genital, una mayor lubricación vaginal y orgasmos más intensos.

La importancia de controlar el músculo pélvico se conoce y enseña en todas partes del mundo: lo encontramos en la danza del vientre y en muchas danzas africanas.

La respuesta sexual

Evidentemente, existen ciertas constantes de respuesta sexual fisiológica que compartimos todas las personas: durante la excitación, se produce un incremento del flujo sanguíneo, hinchazón de los genitales y tensión muscular; luego se descarga esa tensión mediante las contracciones musculares del orgasmo. Pero al margen de estos elementos comunes, hay una amplia gama de experiencias subjetivas para cada persona. Por ejemplo, hay mujeres que llegan fácilmente al orgasmo y otras que tienen más dificultades.

Nuestros conocimientos de las reacciones sexuales de nuestro cuerpo se van adquiriendo a lo largo de toda una vida y de mucha práctica. Por supuesto, nuestro cuerpo cambia con el paso del tiempo, y si eres capaz de dejar a un lado lo que se considera «sexualmente normal» y escuchas los mensajes que te envía tu cuerpo, sus respuestas, podrás experimentar una gran dosis de placer en las distintas etapas de tu vida.

Imagina que estás en un parque y que, en vez de hablar de tus hijos con otras mujeres, hablas de tus últimas aventuras o experiencias sexuales. Es paradójico: no nos importa hablar de los aspectos más íntimos de nuestros bebés con perfectos desconocidos, pero nos cerramos en banda cuando se trata de nosotras.

Desgraciadamente, vivimos en una sociedad que desalienta la sinceridad en el plano sexual. Tendemos a ocultar nuestra sexualidad, pero sin duda aprenderíamos mucho de ella compartiendo información con otras personas.

Se nos invita a explorar solas nuestra sexualidad, a descifrar sin compañía los complejos mensajes sexuales que recibimos de nuestro cuerpo. De este modo, vivimos nuestros primeros encuentros sexuales con vergüenza, inexperiencia y frustración. Poco a poco, vamos ganando confianza y habilidad sexual, pero de vez en cuando nos asaltan las dudas: «¿Soy suficientemente buena en la cama? ¿Lo que estoy haciendo se considera normal?» Debemos enfrentarnos a distintos convencionalismos que impone la sociedad. Si nos gusta tener relaciones sexuales a menudo, se nos tacha de promiscuas. Si nos gustan alternativas distintas a la penetración, somos raras. Si decidimos no tener relaciones sexuales durante una temporada, somos frígidas. Recibimos tantos mensajes contradictorios de padres, amigos, revistas, y amantes sobre cómo, dónde y por qué hacer el amor que es fácil olvidarse de la naturaleza de este impulso biológico.

Las mujeres, especialmente, hemos interiorizado el mensaje de que es posible experimentar mucho placer, pero que ese placer es necesariamente un acto egoísta. Si somos madres, se espera que nos ciñamos a esa filosofía de autocontrol, inhibiendo así toda expresión sexual. Se nos inculca que «los hijos son lo primero, y nuestras necesidades no cuentan demasiado». La experiencia de ser madre (o padre) supone, sin duda, un cambio importante de nuestras prioridades y altera en cierto modo nuestra escala de valores. Pero eso no significa que debamos martirizarnos ni olvidar nuestras necesidades biológicas y nuestros deseos de placer.

Se necesita seguridad en una misma y conciencia de tu propio cuerpo para rechazar esos mensajes anticuados y aceptar tu sexualidad. También necesitas aceptarte tal como eres. Si crees que la autoestima es un conjunto de deberes e ideales para llegar a ser una «persona perfecta», estás destinada al fracaso. La autoestima sexual (y emocional) es un proceso largo y costoso, y probablemente te encontrarás con algunos baches en el camino. Al fin y al cabo, cada vez que afirmas tu derecho a ser una mujer sexual, aunque ese deseo se manifieste comprando un vestido ceñido con el que te sientas muy sexy, estás sembrando una abundante cosecha.

El buen sexo
está en tus manos

Explorando tu propio placer

Es imposible hablar del buen sexo sin referirnos a la masturbación. Explorar nuestro propio placer es un componente fundamental de una vida sexual satisfactoria, pues nos permite expresar nuestros deseos sexuales desde una edad temprana y conocer mejor las respuestas del cuerpo.

Aunque la masturbación forme parte de tus hábitos sexuales, es posible que no hayas reparado en por qué es una forma de expresión sexual tan placentera y beneficiosa. He aquí algunas razones:

Beneficios de la masturbación

- **Te ayuda a conocerte.** No nacemos sabiendo lo que nos satisface sexualmente, por tanto, debes ir aprendiéndolo a lo largo de tu vida. Masturbarse es una forma efectiva de explorar tu anatomía genital y tus preferencias sexuales. Muchas adolescentes tienen sus primeros orgasmos, algunas veces múltiples, gracias a la masturbación. Algunas técnicas como la respiración profunda, la relajación y la tensión de los músculos pélvicos, o el movimiento de caderas, son las más habituales para quienes se inician en el descubrimiento de su propio placer.

  La masturbación es una poderosa herramienta para la exploración mental y física. Con tu pareja, quizá te parezca extraño explorar tus fantasías mientras hacéis el amor; en cambio, al estar sola puedes dar rienda suelta a tu imaginación, sin que nadie te censure. Determinar qué pensamientos, sensaciones o imágenes estimulan tu deseo es igual de importante para una vida sexual plena como saber estimular tu clítoris.

  Si no disfrutas con la masturbación, reflexiona sobre si ese rechazo te viene dado por un prejuicio cultural. Muchas mujeres adultas han creído, a lo largo de toda su vida, que masturbarse es algo inmaduro, sucio e inadecuado y, por tanto, les puede resultar difícil descartar ese pensamiento. Existen muchos prejuicios en contra de la masturbación y básicamente provienen de los sistemas religiosos (en general, las religiones condenan sutil o explícitamente todo acto sexual no encaminado a la procreación). Sin embargo, es conveniente que te deshagas de esos pensamientos frustrantes y empieces a disfrutar de tu sexualidad de una manera libre y placentera. La masturbación es una herramienta muy útil para conocer tu cuerpo y descubrir tu propio placer.

- **Incrementa tu energía sexual.** Cuando tu tiempo, tu energía y tu espacio personal son limitados, la libido acostumbra a bajar. Eso no significa que hayas perdido la capacidad de excitarte o de sentir orgasmos, sólo que no tienes ganas de buscar activamente esa excitación.
  En cuestión de sexo, cuanto más placer experimentas, más motivada estás para disfrutar y más quieres. La masturbación puede ayudarte a activar o reforzar tus impulsos sexuales porque en ella tú estableces los límites. No tienes que coordinar tu placer con el de otra persona, ni preocuparte por quedar bien; simplemente sigues tu propio ritmo y te centras en lo que te resulta placentero.

- **Es un acto creativo y un buen ejercicio físico.** La masturbación posee la capacidad de renovar, refrescar, vigorizar y sanar porque te permite ser creativa. Si somos madres, disponemos de muy poco espacio privado en el que sentarnos a pensar y, por tanto, compensamos esa falta de relajación dedicándonos al consumo: fumamos, bebemos, comemos una barrita de chocolate o vamos de compras. Pero la masturbación no es consumo, sino placer. Es una mezcla de erotismo, privacidad y autoestima. Tómatelo como un momento de relajación, ejercicio y creatividad.

Además, la gran ventaja de masturbarse es que no te obliga a elegir entre sentirte guapa o sentirte bien. Como es un tipo de ejercicio físico, incrementa la circulación de sangre y oxígeno en tus genitales, fortalece tus músculos pélvicos y constituye un suave entrenamiento cardiovascular. Como cualquier otra forma de ejercicio, libera endorfinas, tensiones y, además, favorece una sensación general de salud y bienestar.

- **Puedes compartirlo con tu pareja.** Si las razones antes mencionadas te parecen insuficientes para empezar a masturbarte, piensa que toda la información que recabes sobre preferencias y respuestas sexuales será de gran interés para tu pareja. Una de las mejores maneras de aprender es masturbarse juntos. A veces, disfrutar de tu cuerpo en solitario, pero acompañada, resulta muy gratificante para tu pareja.

Formas de hacerlo. Darse placer a una misma es algo muy personal y cada mujer tiene sus propias formas de practicarlo, pero si estás empezando a experimentar, aquí tienes unas cuantas sugerencias:

- **Con los dedos:** Túmbate cómodamente boca arriba en un lugar tranquilo, flexiona las rodillas y abre un poco las piernas. Apoya la palma de la mano derecha justo donde empieza a nacer el vello púbico. Sitúa la punta del clítoris entre los dedos corazón e índice y comienza a moverlos con suavidad de arriba hacia abajo. Con la otra mano estira hacia arriba los labios exteriores de la vagina manteniéndolos juntos. La presión debe ser suave, aunque el movimiento se vaya acelerando según te lo pida el cuerpo. No olvides que se trata de una zona muy sensible, y si presionas demasiado fuerte el clítoris entre los dedos puede resultarte molesto.

- **Con un vibrador:** Son aparatos eléctricos de forma fálica que vibran hasta provocar el éxtasis. Algunos incluso tienen varias velocidades para que tú misma decidas la intensidad. Ciertos vibradores están diseñados sólo para la estimulación externa del clítoris, pero otros admiten uso interno (penetración) y algunos, incluso, tienen extensiones que permiten simultáneamente la penetración y la estimulación del clítoris.

- **Con aceites y lubricantes:** Tus manos harán un masaje mucho más placentero, profundo y resbaladizo si usas aceite o lubricantes. Para uso externo son ideales los aceites de almendras, oliva, cacahuete, ylang-ylang... o preparados especiales para masaje. Para uso interno, los lubricantes artificiales te ayudarán a «abrirte» camino con facilidad. Para evitar que la sensible piel de esta zona se irrite, utiliza siempre lubricantes al agua que no contengan alcohol.

- **Con agua a presión:** dirige la alcachofa de la ducha hacia tu vagina de tal forma que el chorro estimule tu clítoris. Gradúa la presión a tu gusto y ¡disfruta! Algunas mujeres encuentran un auténtico placer en esta práctica acuática y suelen acabar su ducha diaria con una amplia sonrisa... Eso sí, ¡vigila la factura del agua!

- **Con la almohada:** Amontona varias almohadas o cojines, túmbate boca abajo encima de ellas y muévete hacia delante y hacia atrás, como si cabalgaras, muy lentamente, notando como tus genitales se van lubricando y abriendo. Para intensificar el placer, coloca una toalla encima de la almohada superior (la felpa es un material sorprendentemente estimulante).

Historia de un tabú

Si la masturbación es una práctica sexual tan agradable, ¿por qué mucha gente la trata como si fuera algo de mal gusto? Desgraciadamente, hemos heredado un montón de creencias culturales y religiosas negativas sobre el sexo y la masturbación. En el mundo occidental, nuestras actitudes sobre sexualidad arrancan del pensamiento judeocristiano y de la filosofía griega, para luego ser incorporadas a los axiomas médicos de cada época. He aquí una muestra de cómo ha sido considerada la masturbación a lo largo de la historia.

El Antiguo Testamento consideraba el sexo procreativo como la única forma aceptable de expresión sexual para los antiguos israelitas, puesto que el crecimiento de la población era, literalmente, la forma de expandir su poder social y político. Además, los israelitas tenían algunas prohibiciones en sus dietas y en sus hábitos sexuales para distinguirse simbólicamente de las culturas con las que convivían (que practicaban la prostitución ritual y la homosexualidad). Muchas ideas preconcebidas modernas sobre moralidad sexual se derivan de parábolas bíblicas sacadas de contexto, y en algunos casos se han malinterpretado. La historia de Onán, quien «vertió su semilla por toda la tierra» y se le castigó por su pecado, se cree comúnmente que alude a la masturbación (de ahí la palabra «onanismo»). En realidad, es lógico pensar que se refiere al método de control de natalidad conocido como «marcha atrás».

En el siglo IV a.C., Aristóteles escribió que el semen era un fluido finito y precioso, y que «gastar» esa sustancia tan valiosa podría agotar la fuerza vital de un hombre. La idea de que el semen es un líquido de dimensiones mágicas y que no debe malgastarse se encuentra en numerosas culturas. Según la filosofía taoísta de la China, la energía Yin de una mujer es inagotable, mientras que la energía Yang de un hombre es como un «río que fácilmente puede secarse». Por ese motivo, las técnicas sexuales taoístas para los hombres apuntan a lograr un orgasmo sin eyaculación. El Tantra basa parte de su filosofía en este aspecto.

A mediados del siglo XVIII, esta metáfora se llevó a un extremo con la publicación del tratado de Samuel Tissot en 1758 titulado *Onanismo: tratado sobre las enfermedades producidas por la masturbación*. Tissot criticó duramente los efectos debilitadores de la masturbación. Creía que restaba fuerza vital tanto a hombres como a mujeres. Aunque las mujeres no tenían que preocuparse por perder semen, según Tissot éstas eran vulnerables a perder la cabeza: «Las despoja de cualquier atisbo de modestia y razón, y las deja al mismo nivel que las bestias salvajes, antes de que una desagradable muerte se las lleve por su dolor y su infamia».

A lo largo del siglo XIX, la masturbación se consideró como una actividad peligrosa que provocaba todo tipo de enfermedades, desde acné hasta demencia. Básicamente, cualquier dolencia de origen desconocido se atribuía a «ese vicio solitario». Durante épocas de represión y conservadurismo, como el periodo de posguerra, también se le ha atribuido terribles efectos secundarios a la masturbación, como: ceguera, crecimiento del vello...

Afortunadamente,durante el siglo XX, gracias a las ideas de Sigmund Freud y del sexólogo Havelock Ellis, muchas personas recibieron el mensaje de que era más peligroso suprimir los deseos sexuales que expresarlos. Según Freud, las personas pasamos por una etapa formativa hacia la madurez sexual (sexo oral, anal, narcisista), y sus teorías sirvieron para que la masturbación dejara de considerarse como una actividad no natural.

Recién estrenado el siglo XXI, vivimos en una época de gran individualismo: las grandes ciudades están repletas de pisos ocupados por personas solas (*singles*), y los divorcios y las rupturas de parejas están a la orden del día. En nuestra sociedad priman valores como el consumismo, la permisividad, el egoísmo, el relativismo (nada es bueno, ni malo). En este contexto, la masturbación y las nuevas formas de relación (amigos que comparten sexo sin compromiso, parejas que viven en pisos separados...) tienen mayor cabida y aceptación.

Aunque todavía hay mucho camino por recorrer, actualmente los roles han cambiado; atrás quedaron los hombres fuertes y protectores, y las devotas esposas dedicadas exclusivamente a la familia. Las mujeres han ganado independencia y exigen otros valores en sus parejas (como ternura, sensibilidad, empatía...) Además, la mujer ha empezado a reclamar su derecho al placer y a disfrutar del sexo, tanto en pareja como en solitario.

Tu placer «prohibido»

Aunque los tiempos cambian, es posible que todavía albergues sentimientos de culpabilidad cuando te masturbas. A muchas mujeres les cuesta admitir que se masturban. Están acostumbradas a escuchar que la masturbación «es cosa de hombres» o que las mujeres no pueden masturbarse porque no tienen un pene que acariciarse, o que es una práctica «sucia» e «inapropiada para el sexo femenino».

Quizá pienses que el sexo es sólo cosa de dos o que la masturbación únicamente es aceptable como método exploratorio para luego contarle a tu amante qué cosas te gustan y cuáles no. Sean cuales sean tus ideas, sólo puedo decirte que masturbarse no es algo malo ni indecente, sino una práctica sexual natural. Tu vida sexual con parejas puede sufrir altibajos y posiblemente tengas varios amantes a lo largo de tu vida. Sin embargo, la masturbación siempre te mantiene en contacto con tu verdadero erotismo interno. La mejor manera de convencerte de que la masturbación es algo agradable, placentero e incluso bueno para la salud, es ponerla en práctica. Disfrútala.

Tener o no tener **ganas**

Quizá te sientas totalmente a gusto con tu cuerpo y estés familiarizada con tu anatomía sexual, pero si careces de deseo, no tendrás ganas de tórridos encuentros sexuales. El deseo es la chispa que transforma la materia prima de la biología reproductiva en expresión sexual. El deseo constituye una interrelación entre tu anatomía y tu composición bioquímica, pero también bebe de tus recuerdos, tus fantasías, tus experiencias vitales y tu entorno cultural. En este capítulo te explicaré las diversas fuerzas que inciden en el deseo, además de ofrecerte recomendaciones para identificar y apreciar tus pautas únicas de deseo sexual.

Deseo y cultura

Los impulsos sexuales son «naturales», pero el modo en que pensamos en ellos se encuentra influenciado por nuestra cultura. Tus expectativas y tu comprensión del deseo sexual se ven irremediablemente afectados por el mundo que te rodea. Por eso, no es de extrañar que experimentes cierta contradicción a la hora de explorar tus deseos sexuales. Al fin y al cabo, cuando afirmas tu derecho al deseo sexual, estás planteando un desafío a miles de años de condicionamiento cultural. Durante milenios, las actitudes culturales respecto al deseo femenino oscilaban entre la idea de que «Las mujeres son seres lujuriosos, capaces de seducir y engañar a los hombres a cambio de sus favores sexuales» a «Las mujeres son ángeles castos e inocentes que deben protegerse de los apetitos sexuales de los hombres».

Al intentar controlar la reproducción, las sociedades dominadas por hombres han impuesto restricciones a las mujeres, especialmente en cuestiones sexuales. Por tanto, muchas mujeres del siglo XXI, a pesar de todos los cambios que he expuesto antes, siguen creciendo con la idea equivocada de que los hombres quieren sexo y las mujeres una relación.

La química del deseo

Desde hace veinte años, los sexólogos se han apartado en cierto modo de la noción de que el sexo es exclusivamente un cúmulo de respuestas biológicas y vienen reconociendo el poder y la primacía del deseo sexual. Por otro lado, también es cierto que el concepto de deseo ha adquirido proporciones médicas y en la actualidad existe un listado de «desórdenes del deseo» que se consideran clínicamente como «disfunciones sexuales». Así pues, si una persona tiene dificultades para alcanzar un estado de excitación o un orgasmo, o su frecuencia sexual es menor de lo «normal», presenta un «trastorno» tratable médicamente. Estos medicamentos incrementan el flujo sanguíneo a los genitales o aumentan la lubricación vaginal.

Pero, en realidad, el deseo implica mucho más que una repuesta física de tipo sexual. Nuestro estado emocional tiene mucho que ver en nuestras respuestas sexuales. Tus genitales pueden presentar todos los síntomas de una excitación física, pero eso no significa que tengas ganas de hacer el amor; como tampoco tiene ganas un hombre que experimenta una erección durante una exploración médica del recto. En este libro se incluyen pistas para mejorar tus reacciones físicas sexuales (es cierto que un mayor flujo sanguíneo a los genitales propicia la excitación y que la lubricación es importante para una penetración placentera). No podemos separar los genitales del resto del cuerpo y de la mente. Hay que tener en cuenta por qué se desea esa excitación sexual.

Las actitudes culturales sobre qué significa ser madre y mujer están destinadas a influenciar o, incluso, inhibir el modo en que expresas tu sexualidad. Deja que tu propia experiencia sea tu maestra, que tus deseos te guíen en el camino, y recuerda que estos dos factores perdurarán toda tu vida. Lo que ahora disfrutas quizá no te resulte placentero en un futuro. Pero todos y cada uno de tus deseos tienen algo que enseñarte acerca de quién eres y en qué te estás convirtiendo.

Deseo y hormonas

Las investigaciones actuales sobre la fisiología del deseo también reflejan un creciente interés por el papel que desempeñan las hormonas en la conducta humana. Las hormonas son sustancias producidas en los tejidos de una parte del cuerpo que viajan a otras partes del organismo y estimulan la actividad en esa zona localizada. Por ejemplo, el estrógeno producido por los ovarios durante la primera mitad del ciclo menstrual impulsa al cuello del útero a producir más mucosa. Las hormonas que inciden en el aparato reproductor de la mujer (estrógeno, testosterona, progesterona, oxitoxina y prolactina) también repercuten en nuestras experiencias sexuales. Todas estas hormonas, salvo la progesterona, están presentes en los hombres y en las mujeres; sin embargo, las mujeres tienen hasta diez veces más estrógenos que los hombres durante sus años reproductivos, y los hombres registran diez veces más de testosterona que las mujeres. Por tanto, cuando se llevan a cabo investigaciones sobre la relación entre el estrógeno, la testosterona y la libido, estos estudios suelen interpretarse como diferencias de deseo entre hombres y mujeres.

Las fluctuaciones hormonales pueden tener poderosos efectos en tu estado de ánimo, en tus emociones, en tu cuerpo, y en tu vida sexual. De hecho, te recomiendo que prestes atención a cómo suben o bajan tus niveles de energía y deseo. Las hormonas fluctúan en ciclos diarios, semanales o mensuales que los científicos están empezando a identificar. Por ejemplo, los estudios sobre niveles de testosterona en hombres demuestran que llegan a su punto álgido por la mañana, bajan por la tarde, suben en otoño, y descienden en momentos de tensión. Sin duda, las mujeres estamos familiarizadas con el impacto que tienen las hormonas en la pubertad, el embarazo, la lactancia y la menopausia. Si has sido madre reciente, es posible que hayas notado como tu vida sexual se ha visto afectada por el bienestar general que producen los niveles elevados de estrógeno durante el embarazo, y el cansancio que sobreviene cuando baja después del parto.

Las hormonas afectan a nuestra sexualidad, tanto si las tomamos por vía oral como si las genera tu organismo: la testosterona, por ejemplo, reactiva el apetito sexual; en cambio, los anticonceptivos que contienen progesterona pueden disminuir tus ganas de hacer el amor.

Aunque es muy recomendable investigar el impacto que tienen las hormonas en tu bienestar sexual, te aconsejo que no les des demasiada importancia a estos agentes bioquímicos. La psicología es sólo uno de los muchos factores que inciden en el deseo sexual. Las tensiones diarias, la autoestima, la depresión, la imagen que tengas de tu cuerpo, el cansancio o el sitio donde vivas pueden influir en tu libido.

Cuatro reglas sobre el deseo

Quizá pienses que el deseo es una fuerza misteriosa que no puedes controlar. Pero debes saber que nunca sentirás un nuevo deseo y placer sexual a menos que te permitas percibirlo. Nos gusta pensar que el deseo es una pasión instintiva que supera cualquier obstáculo que se encuentra en el camino. En ocasiones, especialmente cuando inicias una nueva relación, es así, y deseamos que esa chispa dure. Queremos ser seres sexuales, pero para ello debemos estar convencidos de que el sexo merece la pena. Recibimos mensajes contradictorios por parte de la sociedad, en los que se ensalza la frecuencia de la actividad sexual, pero evitamos hablar de sexo porque aún se considera «algo demasiado íntimo y embarazoso».

En cualquier caso, el sexo rara vez se presenta como una actividad que merece la pena practicar por sí misma. Cuando eres madre y te espera una dura jornada por delante, es fácil caer en la tentación de pensar que el sexo es un lujo que requiere tiempo, energía y recursos de los que no dispones. Pero no tener ganas de practicarlo durante una temporada no tiene nada que ver con considerar el sexo como algo frívolo. El erotismo es una necesidad humana. Cuando sientes un impulso y un deseo sexual, en realidad estás experimentando una conexión entre cuerpo y mente; una conexión con tus propias emociones, impulsos y fantasías; además, sientes una conexión con otras personas. Si aprendes a considerar el sexo como una actividad que tiene sentido por sí misma, siempre estarás receptiva a satisfacer tus deseos.

Primera regla: Mereces disfrutar del sexo. Así es: el sexo es algo fantástico que puede reportarte mucho placer y autoconocimiento. Creer que no tienes derecho a expresarte sexualmente equivale a pensar que no tienes derecho a ser humana. Así que, ¿por qué no eliges explorar y expresar cada aspecto de ti misma?

Muchas mujeres se enfrentan a guiones que han interiorizado a lo largo de su vida, unos patrones que les inculcan que no merecen placer sexual. Es muy difícil sentir deseo si crees que no te lo mereces. Las madres, concretamente, se enfrentan a una mayor presión para dejar a un lado sus deseos personales y centrarse en el desarrollo de sus hijos, pero en tus manos está tomar las riendas de tu vida sexual y disfrutar al máximo de las increíbles experiencias que te ofrece.

Hay mujeres que cuando acaban de ser madres suelen considerar el sexo algo secundario, no les apetece y no lo practican, cosa que es un error. Hay que sacar ganas y mantener una vida sexual activa porque cuanto más se practica, más ganas se tienen.

Segunda regla: Eres deseable. Sentirse deseable o sexy es, sobre todo, una cuestión de actitud. Las mujeres que se sienten cómodas en el papel de ser ellas mismas ejercen un poder de atracción fascinante. En cambio, cuando percibimos nuestro aspecto con insatisfacción y dudamos de nuestro encanto personal, rara vez conseguimos vernos deseables aunque los demás nos halaguen.

Para gustarnos a nosotras mismas y transmitirlo a los demás no es necesario tener un aspecto externo inmejorable, sino querernos, confiando en nuestros valores y contemplando nuestras diferencias como elementos que nos hacen especiales y únicas.

Muchas mujeres hermosas, que no confían en ellas mismas, se sienten demasiado inseguras como para disfrutar del sexo. En cambio, otras mujeres, menos bellas (según los cánones de belleza imperantes), pero más seguras de su atractivo consiguen disfrutar más de sus relaciones sexuales.

Las preocupaciones sobre el aspecto físico suelen guardar una estrecha relación con el deseo que sentimos las mujeres. Esto es porque nos dejamos llevar por el deseo cuando nos sentimos fuertes, sanas y en armonía con nuestro cuerpo. En realidad, es común entre las mujeres «darse permiso» para tener relaciones sexuales cuando llegan a un nivel determinado de perfección física. Algunas creen que la imagen corporal es el factor que determina sus relaciones sexuales.

En general, para las mujeres es más importante que el hombre de su vida las encuentre deseables que tener un rollo de una noche.

Sin embargo, para tener una vida sexual sana debes aprender a apreciar tu cuerpo y contemplarlo con agrado.

Muchas mujeres viven ansiosas y deprimidas por su imagen, añorando la belleza que ya tienen pero que no logran ver. El desagrado que experimentan ante su aspecto expresa un malestar interno; se sienten mal por dentro, y al cruzarse con el espejo tan sólo ven lo que les desagrada de su cuerpo, sin apreciar con justicia sus verdaderos encantos. Tratar de estar atractiva es parte del juego de la vida, siempre y cuando disfrutemos de ello. Sin embargo, existe una gran diferencia entre buscar la belleza alegremente y aspirar a ella con desesperación.

Sólo si aceptamos nuestras limitaciones y defectos, seremos más libres para experimentar lo que en realidad somos. No se trata de tener un aspecto perfecto sino de gustarnos tal y como somos, viviendo felices con nuestros encantos y nuestras imperfecciones.

Tercera regla: Eres un ser sexual. Muchas mujeres creen que el sexo sólo es posible dentro de una relación de pareja. Pero tú eres un ser sexual aunque no tengas relaciones sexuales y debes investigar de qué manera puedes encender tu deseo. Para ello es necesario que dediques espacio y tiempo al erotismo.

Normalmente actuamos de un modo reactivo: pedimos, respondemos o nos acomodamos a los deseos de nuestras parejas. Las madres, especialmente, deben hacer un mayor esfuerzo para afirmar sus necesidades eróticas.

La masturbación es, sin duda, el mejor recurso para experimentar la propia sexualidad, pero también puedes ayudarte de lecturas, películas... que te orienten sobre tus preferencias y deseos.

Muchas personas creen que el deseo tiene una relación directa con la frecuencia de las relaciones sexuales y se sienten inquietas si esa frecuencia es poca o «demasiada». Lo cierto es que, sea cual sea la intensidad de tu deseo en un momento dado de tu vida, siempre será el «correcto». Debemos tener en cuenta que la «lujuria sexual» es sólo un aspecto del afán que tenemos los humanos por la vida. Las hormonas sufren altibajos, las circunstancias cambian, pero tú eres por definición un ser sexual.

Cuarta regla: El deseo no debe reprimirse. Es posible que no tengas ningún problema «teórico» al aceptar tu sexualidad como madre, pero quizá te cueste aceptar el derecho a hacer lo que deseas. Si crees que tus deseos sexuales son de algún modo ridículos o «anormales», seguramente harás todo lo posible para erradicarlos, lo cual implica que tu interés en el sexo se irá desvaneciendo poco a poco. Para evitar que tu deseo sexual acabe en el cubo de la basura, debes saber qué es lo que deseas y qué piensas extraer de esa relación. Si tienes una idea de ello, estarás en mejor posición para averiguar cuáles son tus motivadores del deseo:

- **Busca el placer.** El sexo es agradable. El buen sexo nos hace tomar mayor conciencia de nuestros cuerpos y nos infunde una sensación de bienestar muy saludable. Percibir la sensación física del orgasmo también es muy agradable e importante para conocernos mejor y conectar con nuestra sexualidad.

- **Busca el contacto físico.** Cuando estamos excitados, todo nuestro cuerpo se vuelve muy sensible a la estimulación táctil. Para muchas personas, un encuentro sexual significa tener la oportunidad de disfrutar de un contacto carnal con otro adulto.

- **Refuerza tu autoestima.** El sexo también inspira a tu personalidad porque te hace sentir deseable, apreciada y atractiva.

- **No te quedes en lo superficial.** El sexo también crea una conexión emocional porque te permite entrar en una sensación total de armonía con la otra persona.

- **Busca la trascendencia.** El sexo te permite experimentar una conciencia absoluta de ti misma y de la otra persona, lo cual transforma el sexo en un acto que trasciende el mero contacto físico. El sexo integra tu cuerpo, tu mente, tus emociones y tus fantasías de una forma única.

Hablemos de **sexo**

Una buena relación, tanto si es con tu pareja, tus amistades, tu familia o tus hijos, no es posible sin una gran capacidad de comunicación. Pero mantener un canal abierto de comunicación requiere mucho esfuerzo, empatía y práctica. En la comunicación sexual, los desafíos se multiplican por dos, en parte porque el sexo ha sido un tema tabú para la sociedad a lo largo de nuestra vida. Pero el éxito de una relación estable y duradera depende de tu capacidad para escuchar y para expresarte de modo efectivo.

La llegada de un bebé

La maternidad cambia tan radicalmente nuestras vidas que es posible que tu vida sexual no sobreviva sin una comunicación clara y sincera con tu pareja.

Durante las primeras semanas, la nueva situación puede provocarte toda una serie de sentimientos contradictorios (alegría, preocupación, desconcierto...). Algunas mujeres atraviesan incluso momentos de gran tristeza, conocidos como «depresión posparto». Generalmente sólo dura unos días, pero durante ese tiempo el apoyo y comprensión de la pareja es fundamental.

Después del parto se necesita un poco de tiempo y paciencia para recuperar la normalidad en las relaciones sexuales; por eso es fundamental establecer una buena comunicación y expresar sinceramente los deseos de ambos.

Sexo después del parto. Aunque algunas parejas reanudan sus relaciones cuando ella se siente bien físicamente (a veces incluso antes de finalizar la cuarentena), la mayoría de mujeres tardan en recuperar el apetito sexual. Debido a los cambios hormonales, a la energía que requiere atender a un bebé, a la fatiga, a las posibles molestias en la zona vaginal o la excesiva sensibilidad de los pechos, después de un parto la mujer tarda un tiempo en recuperar el deseo sexual.

Recuperar la vida sexual después de dar a luz también depende de cómo haya sido el parto. Si fue un parto sencillo es posible que estés bien en sólo cuatro semanas. Sin embargo, si te han hecho una episiotomía, te has desgarrado y te han dado puntos, puede que te lleve unas seis semanas recuperarte. En cualquier caso, con independencia del estado de tu perineo, lo mejor es esperar hasta que te hayas limpiado por completo de loquios (sangrados posparto) y hayas pasado el chequeo de las seis semanas con tu ginecólogo.

Generalmente, la penetración suele rechazarse al principio pero la sexualidad puede expresarse de otras muchas formas, como caricias, un masaje, ternura... Quizá empezar poco a poco puede ser el camino para despertar de nuevo el deseo. La comprensión y paciencia de la pareja será fundamental para ello.

Para ser sincera, al principio yo me sentía algo tensa e insegura... habían pasado meses desde nuestra última relación y los temores me acechaban. «¿Me dolerá? ¿Me gustará tanto como antes?». Sorprendentemente, el cuerpo humano es muy elástico y resistente ¡y la vagina no es una excepción!

En cuanto a las posturas, es mejor evitar todo lo que implique peso sobre tu abdomen (sobre todo si te han practicado una cesárea). Si te preocupa que la zona del perineo esté todavía sensible, lo mejor es que te coloques encima o de lado, así podrás controlar mejor los movimientos.

También se producen algunos cambios físicos temporales que debes tener en cuenta. Los niveles hormonales son diferentes y pueden hacer que tu vagina esté un poco más seca que antes. Si es así, utiliza un gel lubricante íntimo y ve despacio hasta que recuperes tus secreciones naturales.

No seas demasiado dura contigo misma si no te apetece hacer el amor durante semanas o meses tras el parto. Primero céntrate en recuperarte física y emocionalmente. La mayoría de mujeres estrenan maternidad con una libido muy baja. Los motivos pueden ser fisiológicos (las hormonas están alteradas), físicos (cansancio y recuperación posparto) y psicológicos (no sentirse preparada). Cualquiera que sea tu caso, es importante que te lo tomes con calma. ¡Date tiempo!

Cuando él no quiere... En algunos casos, es incluso el hombre quien tiene dificultades para recuperar la vida sexual ya que, después del parto, ven más a su pareja como madre que como mujer. Pocos son capaces de reconocerlo, pero su impulso sexual cambia. Si han asistido al parto, en ocasiones se sienten tan impresionados que les cuesta asociar la vagina con una zona erógena, o no les apetece besar los pechos de su mujer porque de alguna forma los asocian con el alimento de su hijo. Pero, ¿qué hacer con estos sentimientos? Y, sobre todo, ¿cómo expresarlos a su pareja sin herirla? Simplemente es cuestión de tiempo; la inapetencia suele ser algo pasajero y aunque conviene hablar de estas cuestiones con la pareja, la comprensión y el cariño serán fundamentales para superar la situación.

Con el tiempo, muchas parejas encuentran nuevas herramientas de comunicación sexual. Ser madres o padres nos obliga a madurar como personas y, en consecuencia, encontramos nuevas formas de expresión y nos sentimos capaces de decir cosas que antes ni se nos hubieran pasado por la cabeza.

Hoy no, cariño

Generalmente, los principales escollos que encuentran las parejas a su vida sexual son la falta de deseo o discrepancias en el deseo, la imagen corporal, la anticoncepción y el sexo seguro, los conflictos por la división del trabajo, el aburrimiento sexual, y la dificultad a la hora de negociar los encuentros sexuales. Algunos de los comentarios más habituales son:

- «Mi pareja quiere sexo y yo no.»
- «Me cuesta hacer el amor ahora porque me siento fea.»
- «El sexo se ha convertido en algo rutinario.»
- «Él está harto de que yo nunca tenga ganas de hacer el amor.»
- «Creo que no me desea porque ahora soy mamá.»
- «Tengo miedo de decirle a mi pareja lo poco que me interesa ya el sexo.»
- «Siempre me está reprochando que el sexo no es lo que era.»

Todas estas mujeres frustradas (y sus parejas) saldrían ganando si tomaran un nuevo enfoque a su comunicación. Evidentemente, algunas de estas cuestiones (falta de deseo, una imagen corporal deficiente) no pueden resolverse con hablar un rato. Pero todas ellas te deprimirán menos si expresas tus sentimientos e inquietudes de forma efectiva.

Encuentra tu propia voz

Muchas madres aprenden a ser escuchadas entre la multitud de responsabilidades que requieren sus hijos. Esta nueva forma de asertividad también se traslada al dormitorio. A continuación reproduzco las voces de algunas de ellas:

«Me siento más valiente y decidida para expresar lo que quiero. Como madre, he aprendido que si centro toda la atención en el bebé y no miro por mí misma, nadie lo hará.»

«He dejado mi timidez a un lado porque mi felicidad y alegría inciden directamente en la vida de mi hijo. Por tanto, si hay algo de mi relación de pareja que no marcha bien (tanto en cuestiones sexuales como de otro tipo) tengo la motivación y el valor suficiente para hablar de ello y expresarlo con claridad a mi pareja, en vez de evitarlo o disfrazarlo. Creo que ser madre me ha otorgado un nuevo poder.»

Además, algunos padres y madres aseguran que debido al frenético ritmo de sus vidas, junto con el deseo de mantener un ambiente pacífico para sus hijos, se obligan a abordar cualquier problema de forma expeditiva:

«Yo necesito hablarlo todo con mi pareja. La preocupación más pequeña puede transformarse en problema si no se habla y se soluciona a tiempo. Aunque a veces parezca una tontería, me siento mejor después de compartir mis inquietudes con mi pareja. Cuando las cosas se hablan, no hay lugar para los desencuentros y malentendidos.»

«Creo que nuestra comunicación ha mejorado porque estamos más motivados para asegurarnos de que nuestra relación prospere. No queremos que nuestras malas vibraciones se transmitan a nuestro bebé.»

Aunque la maternidad o la paternidad nos enseña a crecer, a hacer un mejor uso de nuestro tiempo y a comunicarnos mejor por el bien de la armonía familiar, todavía nos sentimos abrumados por la gran cantidad de cuestiones que necesitamos hablar. Antes de pasar a analizar el modo en que podemos mejorar nuestra comunicación, examinemos la raíz de nuestras dificultades al hablar de sexo.

Conciencia sexual

Puesto que muchas crecimos pensando que no deberíamos hablar de sexo, no es de extrañar que nos cueste hablar de nuestras relaciones más íntimas.

Una educación sexual deficiente incide en nuestra comunicación sexual. Si desconoces tu anatomía o tus respuestas sexuales, tendrás dificultades para explicarle a tu pareja tus gustos y preferencias. Por otro lado, si tienes una idea equivocada sobre lo que es ser «sexualmente normal», te sentirás muy confundida o avergonzada sobre tus respuestas eróticas, y no querrás comentarlas. Puesto que en la actualidad todavía hay muchas niñas que desconocen el nombre exacto de sus genitales, ni se les enseña a apreciar sus órganos reproductores, no es de extrañar que muchas mujeres adultas mantengan relaciones sin saber exactamente cómo llegar al orgasmo.

Algunas personas son incapaces de hablar de sexo porque se sienten muy incómodas con la terminología sexual. Quizá las palabras «pene», «vagina», «polla» o «coño» te horroricen. Si eso es así, reflexiona por qué te parecen incómodas y coméntaselo a tu pareja. Podéis llegar a un acuerdo sobre qué palabras utilizar, pero nunca fuerces la situación. A veces, sacarse de la cabeza ciertas connotaciones, especialmente si son de carácter sexual, lleva su tiempo.

Por lo general, el miedo es el principal motivo de una comunicación sexual insuficiente. Todos tenemos miedo de herir a los demás, de insultar, de amenazar o de disgustar a nuestra pareja. Tenemos miedo de hacer el ridículo o de sentirnos rechazados.

Es cierto que hablar de sexo con tu pareja puede inspirar reacciones emocionales que ninguno de los dos desea; pero si no asumís el riesgo, jamás superaréis ese escollo. La comunicación es el único catalizador del cambio, y si sigues alguna de las recomendaciones que incluyo en la próxima sección, cualquier sentimiento de rencor o temor se transformará en lo contrario.

Sé clara

Cuando tratamos de comunicarnos con otra persona, es muy importante hacer un esfuerzo extra y tener paciencia. Tomaos el tiempo necesario: una de las quejas más habituales en las madres es la falta de tiempo. Como toda la jornada está calculada al milímetro, las tareas ambiguas como la «comunicación» no encuentran su espacio. Mi amiga Imma me lo expresaba de la siguiente manera: «Los niños requieren el 110 % de todo nuestro tiempo, nuestra atención, nuestros pensamientos y preocupaciones... Todo lo demás pasa a un segundo plano, incluida nuestra comunicación de pareja.»

Es importante hablar de cualquier problema que os encontréis en vuestra vida de pareja. Pero también es importante hablar de sexo y no sólo asignarle un espacio en vuestro calendario. Escoged un momento que os vaya bien a los dos.

Si te sientes frustrada o decepcionada por tus encuentros sexuales, evita ventilar tus sentimientos con una explosión emocional. A veces cuesta ser racional y empático cuando has sufrido un rechazo o una insatisfacción sexual. En esos casos, conviene esperar uno o dos días antes de abordar el tema. Asegúrate de resolver cualquier cuestión que te preocupe, en vez de tratar de convencerte a ti misma de que esas cuestiones no son realmente importantes.

Si fuera tan fácil hablar de sexo como hablar del tiempo, muchos problemas de comunicación sexual desaparecerían. No podemos concebir una conversación entre compañeros de trabajo, a la hora del café, en la que se traten cuestiones sexuales muy íntimas como: «Ayer tuve un orgasmo genial. ¡Estuvimos horas disfrutando sin parar!»

Tal vez, si estuviéramos más acostumbrados a hablar de sexo, no seríamos tan reticentes a sacar el tema. Si hablas regularmente de sexo, al final te sentirás más a gusto con ello y podrás conocer mejor las opiniones de tu pareja sobre sexo. No es necesario que tu vida sexual sea el centro de cada conversación, pero para encaminar correctamente una conversación sobre sexo puedes hacer cosas como comentar cuestiones o noticias sobre sexo que se hayan publicado en los medios de comunicación; describir tu escena sexual favorita de una película; compartir una fantasía sexual con tu pareja, o leer literatura erótica juntos.

Es fundamental tener una idea clara de tus deseos sexuales, pero es igual de importante tratar de analizar la situación desde el punto de vista de tu pareja. Si puedes explorar ambas caras de un problema antes de hablarlo, es posible que con ello estés cultivando la empatía tan necesaria para una comunicación constructiva. En ocasiones es muy sencillo resolver lo que a simple vista parecía un problema irresoluble. Por ejemplo, la pareja de Ana sólo necesitaba estar segura de que el cansancio de ella no se debía a un rechazo:

«Al principio, mi marido no entendía que yo estaba muy cansada y que el sexo era literalmente lo último en lo que podía pensar. Tuve que convencerle de que yo no le rechazaba a él, sino que sólo era una fase pasajera. Después de unos días de descanso y de un maravilloso complejo vitamínico recuperé las ganas de disfrutar en la cama y acabé con sus dudas.»

El sexo también es comunicación

Debemos tener muy en cuenta que el sexo es una forma de comunicación no verbal, a través de la cual expresamos mucho de nosotros mismos. Para algunas parejas, hacer el amor es un componente fundamental de su relación porque implica otra vía de comunicación y contacto entre ambos.

La intimidad sexual nos permite expresar deseo, amor, vulnerabilidad y otras muchas emociones complejas. El lenguaje del sexo no puede expresarse adecuadamente en palabras, ni puede reemplazarse por una conversación.

Por otro lado, olvídate de la fantasía de que tu amante perfecto intuirá todas tus necesidades sexuales. Un buen amante sabe cómo observar las reacciones de su pareja y le pregunta qué le gusta, pero no tiene telepatía. Conviene ayudar a tu pareja acerca de tus gustos y para ello debes ser lo más específica posible: «Si me besas más y me acaricias los muslos mientras me susurras al oído, tendré más energía para darte placer después». Sin embargo, no basta con saber expresarte correctamente, una buena conversación depende en gran medida de si sabes escuchar a tu interlocutor. Escuchar puede parecer más sencillo de lo que es en realidad. En primer lugar, saber escuchar requiere prestar atención a tu interlocutor, no escuchar pasivamente. Para que tu pareja sepa que estás inmersa dentro de esa conversación, puedes contestarle con señales de aprobación. De este modo, sus explicaciones no te aburrirán. Saber escuchar es una de las claves de una relación duradera.

Cuando se trata de dar muestras de afecto, debes tener en cuenta que esa emoción puede transmitirse sin intercambiarse ni una palabra. He aquí algunas pistas para incorporar la comunicación no verbal a tu rutina diaria:

- Observa a tu pareja sin apartar la mirada.
- Convierte los besos y las caricias en una parte fundamental de vuestros saludos y despedidas.
- Toca a tu pareja suavemente en el transcurso de una conversación. Puedes acariciarle el brazo, el cuello o el muslo.
- Sentaos en el sillón, uno al lado del otro, y coloca tu cabeza sobre su hombro (o su regazo).
- Pasead cogidos de la mano.

La comunicación, verbal o gestual, no servirá de nada si te empeñas en defender tu postura a toda costa. Si no estás de acuerdo con tu pareja en algo, los dos debéis estar dispuestos a encontrar una solución satisfactoria para ambos. Ahí es donde el sutil arte de la comunicación entra en juego, y así es como se demuestra el amor. Por mucho que tu pareja te repita que te ama, si durante una discusión él no cede ni un milímetro, ese amor es condicional. La comunicación debe abarcar todos los niveles de vuestra relación, desde el cuidado de los hijos, las cuestiones domésticas, el trabajo y, por supuesto, el sexo.

Alimenta tu deseo

Los desafíos logísticos de ser madre no son nada comparado con los desafíos emocionales y físicos que supone para la pareja la pérdida del deseo y el enfriamiento de sus encuentros sexuales. Algunas mujeres tienen una sensación de poder y plenitud tan grande al ser madres que se olvidan por completo de su energía sexual; otras, en cambio, sufren esa falta de deseo durante el primer año de vida de su bebé con gran preocupación.

El bajón de tu libido puede suponer una molestia para ti o tu pareja, o convertirse en algo sin importancia. Después del parto, la libido de una madre se ve afectada por el cansancio, la transformación de su cuerpo, el cambio de prioridades... y esta tensión incide en la pareja. Llega el momento, entonces, de cultivar la paciencia, el amor y el respeto hacia una misma y hacia la pareja.

Para muchas mujeres, el deseo sexual es el barómetro con el que medir la salud, el bienestar e, incluso, la compatibilidad con su pareja. La ausencia de deseo sexual, por muy pasajera que sea, nos atemoriza. Cuando nuestra vida sexual se apacigua y nuestros encuentros sexuales escasean, empezamos a preguntarnos si nuestra relación está condenada al fracaso. Pero debemos tener en cuenta que la satisfacción sexual requiere comunicación y persistencia.

Tu pareja no sabrá cómo satisfacerte si no le explicas cómo hacerlo. En ocasiones, el problema es que no nos conocemos bien a nosotras mismas; desconocemos nuestra anatomía sexual, nuestras fluctuaciones hormonales y nuestras fantasías y deseos. En última instancia, sólo tú puedes enseñarte a disfrutar del buen sexo, pero deberías comunicar tus preferencias a tus parejas sexuales.

Descenso de la libido

- **Cambios hormonales.** El impacto de los cambios hormonales en la libido de una madre es fundamental. La mayoría de mujeres no saben que el descenso de los estrógenos en el posparto y la subida de prolactina durante la lactancia afectan a la libido.

- **Culpa.** Frecuentemente, los padres jóvenes, especialmente las madres, están totalmente abrumados por el cuidado del bebé y, a menudo, se sienten culpables si su atención se desvía del pequeño por un instante. Si crees que el placer sexual es una frivolidad y, por tanto, una peligrosa distracción de la tarea que tienes entre manos, no te sentirás nada motivada para ser sexual.

Lucía, una amiga a la que conocí en el curso posparto, me comentaba, al año de nacer su pequeño, que su vida sexual «cambió radicalmente porque dejé de centrarme en mí misma y me concentré exclusivamente en mi niño. Mi universo se limitaba a él».

Uno de los mayores desafíos como madre será encontrar un término medio entre el egoísmo y el más absoluto desinterés. Parte de ese «egoísmo» implica darse cuenta de que los niños no pueden satisfacer tu necesidad de intimidad emocional y sexual. Otorgar prioridad a tus relaciones adultas te ayudará a ser mejor madre y a ser una mujer más feliz. Evidentemente, las relaciones entre adultos también plantean problemas que no surgen entre madres e hijos. Así pues, ser madre supone en cierto modo una seria crisis de identidad hasta que encontramos nuestro sitio y aprendemos a desenvolvernos en distintos planos.

- **Estrés.** Mantener tu propia identidad no sólo es esencial para tu salud mental, sino también para el bienestar de tus relaciones personales. Sin embargo, ser padres plantea grandes desafíos incluso para las relaciones más sólidas, y el estrés es algo que nos afecta a padres y madres por igual, dependiendo del grado de implicación que cada uno adopte en el cuidado de los hijos.

  Según las estadísticas, la satisfacción marital se viene abajo durante los dos primeros años de maternidad, un hecho que toma a la pareja por sorpresa. Según Harriet Lerner, psicoterapeuta y autora de *Ser madre, empezar una nueva vida*: «No hay nada más estresante que la suma o la resta de algún miembro de la familia. Entendemos perfectamente la parte de la resta, porque una pérdida personal es el desafío más importante al que nos enfrentamos en nuestra vida. Pero nunca nos fijamos lo suficiente en la tensión que también implica añadir un nuevo miembro». Entenderlo en estos términos puede ser de gran utilidad.

Sean cuales sean los conflictos que ya existían en tu relación antes de tener hijos, debes saber que probablemente se agravarán con la llegada de un bebé. Muchas parejas jóvenes se enfrentan a los mismos desafíos: dinero, cuidado de los hijos, cuestiones domésticas, carreras, vida social y sexo. Aunque ambos se enfrentan a las exigencias de ser padres, la mujer carga con el grueso de las responsabilidades porque la división del trabajo tiende a realizarse según las líneas tradicionales de género.

Es errónea la idea de que un niño une a una pareja. Más bien ocurre lo contrario. En ocasiones, debido a la presión, al desconocimiento, la poca paciencia, a culpabilizar a la pareja, a la «crisis» por no saber asumir el nuevo papel de padre o madre, algunas parejas suelen acabar con la relación durante el primer año de ser padres.

La previsión, la comunicación y el compromiso pueden ser tus mejores aliados a la hora de alcanzar la armonía doméstica. Las tensiones familiares inciden frecuentemente en el deseo sexual, pero si los dos trabajáis duro para encontrar momentos y espacios de intimidad, mantendréis viva la llama del amor. Cuando ya hayáis tomado decisiones acerca de la división de las tareas domésticas, conviene mantener un diálogo regular sobre cómo está funcionando este reparto de labores. Mantén informada a tu pareja de cómo la tensión incide en tu deseo sexual y qué puede hacer para ayudarte.

Pistas para mejorar **tu comunicación de pareja**

No basta con identificar lo que inhibe o inspira tu deseo sexual, tienes que ser capaz de comunicarlo con tu pareja. Las siguientes técnicas te serán de gran utilidad cuando habléis de deseo:

- Sé clara y directa, y utiliza ejemplos.
- Escucha con atención.
- Busca un momento para hablar de sexo.
- Evita conversar acaloradamente.
- Evita expresarte en términos negativos.
- No exijas; pide.
- Negocia y aprende a aceptar compromisos.
- Debes saber cuándo callar.

- **Nostalgia.** Una de las razones por las que muchas parejas estables se enfrentan a la brecha existente entre realidad y expectativas es que al principio de su relación todas sus expectativas se ajustaban muy bien a la realidad. Es muy probable que guardes gratos recuerdos del inicio de vuestra relación: no podíais estar separados mucho tiempo y el simple roce de vuestros cuerpos bastaba para excitaros. Eso ocurría porque estabais «intoxicados» por el amor; no es broma, según muchos estudios médicos, durante la euforia inicial de una aventura amorosa estamos bajo la influencia de una sustancia química cerebral parecida a la anfetamina, conocida como feniletalimina.

Uno de los aspectos más curiosos de esta sobrecarga de feniletalimina es que camufla muy hábilmente cualquier incompatibilidad sexual, que no sale a relucir hasta que la fase de encantamiento ha terminado. Así pues, aunque seáis capaces de superar la nostalgia de los primeros meses de vuestra relación, es probable que tengáis serias dificultades para superar los viejos tiempos en los que no teníais hijos y todo era mucho más sencillo.

Rutina y atrevimiento

Al inicio de una relación, tenemos la sensación de que no hay mucho que perder y, por tanto, estamos dispuestos a asumir más riesgos en el terreno sexual. Es en esa etapa de la relación donde puedes disfrutar y poner a prueba tus dotes de seducción, experimentar con nuevas actividades sexuales o compartir fantasías que jamás te hubieras atrevido a contar a nadie. Pero si esa aventura se acaba transformando en una relación seria, esa tensión sexual tan intensa se disipará en una cómoda pauta de rutinas. Inevitablemente, la rutina conduce al aburrimiento, y el aburrimiento a una falta de deseo.

El problema es que, cuando vives una relación seria, te juegas tu equilibrio emocional, y por eso es tan difícil romper el círculo de rutinas. Sin embargo, con el tiempo, corres el riesgo de aburrirte tanto con tu vida sexual que ya no tengas ganas de hacer el amor; luego, puedes reprocharle esa falta de deseo a tu pareja, o das por sentado que ya no os atraéis. Cuando una pareja se siente muy insatisfecha o aburrida en el plano sexual, esa falta de deseo puede dañar los cimientos de la relación.

Si eso ocurre, debes dedicar algo de tiempo a poner en entredicho tus ideas sexuales. Elabora un listado de los aspectos que te gustaría cambiar en tu vida sexual. Sé específica, no escribas: «Me gustaría ser más aventurera», si en realidad estás pensando en pasar una noche lujuriosa en la habitación de un motel. Luego haz otra lista, una en la que se incluyan las razones por las cuales no sugieres esos deseos a tu pareja. Quizá descubras que te sientes avergonzada de alguno de ellos (por ejemplo, introducir un vibrador en vuestros juegos sexuales). Tal vez te sientas como una «buscona» por el mero hecho de querer cambiar tus hábitos sexuales. Sin embargo, todas esas ideas preconcebidas y equivocadas sobre el sexo están perjudicando precisamente tu satisfacción sexual. La sociedad nos inculca que nuestras costumbres sexuales perduran inalterables toda la vida, y que es raro o indecente tratar de explorar nuevos caminos de placer en tu relación de pareja.

Si estás convencida de que tus relaciones sexuales de pareja están pasando por una grave crisis, acuérdate siempre de la palabra mágica: comunicación. Es la clave de un nuevo descubrimiento sexual con tu pareja estable, y sus recompensas son muchas y variadas: ganarás una mayor intimidad, una conciencia más amplia de tu sexualidad y recobrarás las ganas de hacer el amor.

Pistas para avivar **el fuego**

- Mastúrbate, porque así te mantendrás conectada con tu sexualidad.
- No te olvides de las fantasías sexuales, porque sirven para dar un empujón a tu libido. Puedes recurrir a películas o libros eróticos, por ejemplo.
- Recuerda lo que más te atrajo de tu pareja y recréalo mentalmente.
- Acaricia a tu pareja en cualquier momento del día y no te olvides de las oportunidades que ofrece el teléfono o el correo electrónico para comunicar vuestros deseos y fantasías más ardientes...

Sé imaginativa. Las fantasías son un elemento fundamental de tu vida sexual. Los expertos consideran que el cerebro es el principal órgano sexual, porque tu imaginación es el ingrediente clave para despertar tu deseo. Existen varios tipos de fantasías y algunas recrean escenas sexuales conocidas, reconstruidas o inventadas.

Utilizamos la imaginación para mejorar nuestras experiencias sexuales. Y si no te lo crees, utiliza pensamientos e imágenes que se te cruzan por la cabeza mientras te estás masturbando, haces el amor con tu pareja (a muchas mujeres y hombres les gusta pensar que están con otra persona distinta durante el acto sexual) o ves a un atractivo desconocido seduciéndote en el ascensor.

Al igual que la masturbación, las fantasías sexuales pueden ser un modo no amenazador de expresar tu identidad sexual en momentos en los que no quieres o no puedes tener una relación de pareja.

Cómo recuperar el deseo. Si tu pareja y tú tenéis discrepancias sobre vuestro deseo, vuestras posibilidades de mejorar la situación dependerá de la habilidad que tengáis para comunicaros y volver a tejer toda una red de erotismo y sensualidad en vuestra vida cotidiana. Aunque es muy fácil echaros la culpa mutuamente por el bajón de vuestra libido, es mucho más productivo -y placentero- trabajar juntos para solucionarlo. Esto requiere un gran nivel de compromiso y mucha paciencia.

- **Habla.** Expresa tus emociones con calma y respeto hacia tu pareja, sin entrar en descalificaciones, quejas, gestos de desprecio o acusaciones. Házle saber siempre las cosas que te preocupan o consideras que fallan en vuestra relación, pero díselo con amor y tacto, buscando el momento y el lugar adecuado para poder hablar de forma relajada.

- **Tómatelo con humor.** Aprende a reírte en pareja, a desdramatizar las pequeñas incidencias cotidianas y a no tomarte la vida de forma trágica. Con sentido del humor, la convivencia se vuelve más agradable y divertida, y uno se siente capaz de hacer frente a cualquier situación o problema.

- **Haz borrón y cuenta nueva.** Para arreglar una situación difícil es necesario asumirla, aceptarla y mirar hacia el futuro sin rencores ni reproches continuos. Recuerda todo aquello que te enamoró de tu pareja y trata de revivir aquellos sentimientos intensos que te unieron a ella.

- **Cuida los detalles.** Éstos hacen agradable y llevadera la convivencia. Muéstrate siempre dispuesta a dar y recibir amor. No escatimes en gestos cariñosos, sonrisas acogedoras o miradas amorosas que aporten a tu relación intimidad y complicidad. Recuerda que el amor es como un boomerang y volverá a ti con más fuerza.

- **Practica la empatía.** Está bien que le hagas saber a tu pareja todo aquello que crees que no funciona en vuestra vida sexual, pero recuerda que él tiene el mismo derecho que tú a expresar su malestar. Escúchale y ponte en su lugar; quizá tu grado de exigencia sea mayor a tu grado de generosidad en la cama. Si eres capaz de ver también la situación desde el punto de vista de tu pareja, podrás enfocar el tema con más comprensión y menos críticas.

- **Daros un respiro.** Recuerda que lo que estáis experimentando es perfectamente normal. Es extraño que los apetitos sexuales de dos personas estén totalmente sincronizados y no es realista esperar que lo sean. Es importante que empecéis a daros permiso para ser vosotros mismos, sin disculpas ni sentimientos de inferioridad.

- **Define tus condiciones.** No basta con decir: «Quiero más ternura», y que el otro miembro de la pareja conteste: «Yo quiero más acción». Tenéis que ser más específicos. Es posible que vuestras definiciones de «atención sexual» tengan más en común de lo que pensáis.

- **Profundiza**. No te quedes en la parte superficial de tu dinámica sexual, porque descubrirás las complejidades de tu relación estable. Es decir, cualquier problema al que os estéis enfrentando acabará por reflejarse en el dormitorio.

- **Explora distintas opciones.** Cuando hayáis identificado los puntos conflictivos en vuestra relación sexual, debéis pensar en las soluciones. Si tu falta de libido se debe al estrés, trata de cogerte unos días de vacaciones, regálate un masaje relajante o date un buen baño con sales aromáticas. ¡Te sentirás como nueva al instante! Si el problema es el apetito voraz de tu pareja, hablad sobre otras formas posibles de descargar todo ese estrés (cambiar de empleo, reducir las horas de trabajo, practicar algún deporte...). Si crees que tu pareja tiene muchas dificultades para sentir deseo, hablad sobre las alternativas para despertarlo (leer literatura erótica, visitar un sex-shop...).

- **Comparte información.** Cuéntale a tu pareja lo que has aprendido sobre tu sexualidad. Dile que has descubierto que los cambios de libido están relacionados con los cambios hormonales; o sugiérele que pasar una noche romántica en un hotelito con encanto, en vez de hacer el amor en el dormitorio de siempre, puede despertar de nuevo el deseo. Según vuestro nivel de comunicación o de compromiso, es posible que hayáis adquirido una nueva apreciación de vuestras diferencias sexuales, lo cual os ayudará, paradójicamente, a mejorar vuestra vida sexual, pues sabréis cómo amoldar los deseos de los dos.

El sexo es tu **aliado**

- Cuanto más sexo practiques, más sexy y atractiva te sentirás. El sexo os permite comunicaros y conoceros mejor, y aprenderéis mucho sobre vuestros gustos sexuales.
- Cuando haces el amor, todas tus preocupaciones se alejan, incluso las relacionadas con el bebé. Es la pausa perfecta para relativizar los problemas y cargarte de energía.
- El sexo os permite relacionaros a un nivel más profundo, algo muy importante después de pasaros todo el día con un niño pequeño.
- El sexo es divertido, romántico y ayuda a liberar tensiones, aspectos muy útiles para relajarse y tener una actitud abierta ante la vida. También os ayuda a dormir mejor. No utilicéis el sexo para demostrar nada, sino como un modo estupendo de mostrar amor y sensualidad.
- Mientras que algunas parejas planean con antelación sus encuentros sexuales, otras prefieren improvisar y ser espontáneas; de este modo podéis escapar de la rutina y trabajar el lado creativo de vuestra relación.

Lo quiero todo: sexo, salud y descanso

No hay nada como tener un hijo para darnos cuenta de la «gran vida» que nos pegábamos antes: dormías, tenías tiempo libre, energía, vida social y sexo ¡cuando te apetecía! Pero los niños irrumpen en nuestra vida como un vendaval y desbaratan todo nuestro sistema de prioridades. Se acabaron los momentos de relax con un buen libro en el sofá a media tarde o los ratos muertos frente a la tele… Quitando una larga jornada laboral de ocho horas (trayectos de tren aparte), el tiempo restante apenas me llega para pasar ratitos de calidad con Ariadna, pero siempre trato de encontrar momentos para mí. Mi tiempo nunca había sido tan valioso y escaso como ahora que soy madre y se impone la necesidad de administrarlo bien.

Navegar en un mar de limitaciones dependerá completamente de tu capacidad para organizarte. Como suele pasar con todo en la vida, si no eres capaz de ocuparte de ti, difícilmente podrás ocuparte de otra persona; pues para dar lo mejor de ti es fundamental que te sientas bien, a gusto contigo misma y en sintonía con otros aspectos de tu vida.

Si tienes muchas dificultades para reconciliar tu naturaleza maternal con lo que tú consideras «egoísmo», ten en cuenta que una madre agobiada no será de mucha ayuda para sus seres queridos. Hazte a ti y a tu familia un favor, y cuida también de ti misma. Te sentirás mucho mejor si, además de ser mamá, eres una mamá que se cuida y se preocupa por ella. Tendrás mucha más energía.

Cómo tener tiempo

Tu noción del tiempo cambia al tener un hijo: nunca tienes tiempo para todo, lo vives de forma distinta y tienes la sensación de que no te pertenece. Sin duda, sigues disponiendo de las mismas horas del día, pero tus responsabilidades crecen exponencialmente. Cuando te sientes exprimida por el tiempo, las actividades como dedicarte a una afición, ir al gimnasio o hacer el amor pueden parecerte indulgentes y, por tanto, las apartas a propósito de tu rutina.

Como consecuencia de esta falta permanente de tiempo, la relación entre la calidad y la cantidad de tiempo que pasas haciendo una actividad cambia radicalmente. Un paseo matinal por el parque puede parecer una actividad tranquila a ojos de los demás, aunque ellos no saben que la has cambiado para disponer de cinco minutos para leer el periódico. Los ajustes de actitud que te ves obligada a hacer también se aplican al terreno sexual. Por ejemplo, aprenderás a aprovechar al máximo los momentos sensuales que te encuentres a lo largo del día y, además, la paciencia puede convertirte en una amante más hábil. ¡Disfruta de esos momentos!

Este capítulo intentará ayudarte a buscar tiempo para ti misma, a ganar espontaneidad, privacidad y energía. Cuando estas tres cualidades caen en desuso al ser madre, también lo hacen tus probabilidades de gozar de una vida sexual satisfactoria. Aunque el sexo puede ser lo último en lo que pienses cuando eres madre (especialmente si eres primeriza), sigue siendo muy importante que no lo apartes de tu vida, tanto para tu salud física como emocional. Tampoco se trata de que coloques el sexo en lo alto de tu lista de prioridades, sino de que trates de verte como un ser sexual y dejes espacio en tu calendario para un poco de intimidad. Para poder practicarlo con tu pareja debes procurarte tiempo y un cambio de rutina. Aquí tienes algunas ideas para conseguirlo:

- **Si tus amigos** se ofrecen para hacerte un favor, siempre que sean responsables y de confianza, no rechaces la oferta.

- **Contrata a un canguro** de vez en cuando para salir con tu pareja por la noche. Reserva mesa en un buen restaurante, al menos, una vez al mes (no es necesario que sea un sitio caro). También podéis sacar entradas para el cine, el teatro, la ópera, el fútbol o cualquier espectáculo que os guste. Compartir momentos íntimos de ocio y diversión es necesario para mantener la complicidad y el romanticismo en pareja.

- **Podéis alternar vuestras salidas** con cenas románticas en casa, cuando los niños se hayan ido a la cama, y alquilar una película de DVD.

- **Haz la compra semanal por Internet.** Muchos supermercados y tiendas ofrecen esta opción y te ahorran un gran cantidad de tiempo y energía, que puedes dedicar tanto a tus hijos como a ti misma. Además, también te ayuda a ahorrar dinero, pues evitas llenar el carro de productos por impulso y tu compra se ciñe a la lista que elaboras según vuestras necesidades reales.

- **Si te lo puedes permitir,** contrata a un profesional de la limpieza para que te ayude con la casa (6 horas semanales pueden ser suficientes para liberarte del trabajo más pesado), o paga a un canguro por horas alguna tarde a la semana para dedicártelo a ti misma.

- **Cuando te metas en la cocina,** aprovecha para elaborar platos para toda la semana. De esta manera podrás congelarlos y tener la comida lista cuando te apetezca, sin tener que estar siempre «liada» en la cocina.

- **Si tu empleo y economía te lo permite,** tú o tu pareja podéis solicitar reducción de jornada y obtener así esas horas libres que tanto necesitáis.

- **Si tienes padres o parientes cercanos,** puedes pedirles que cuiden de tus hijos durante unas horas para disponer de algo de tiempo libre.

- **No tengas reparos** en elegir alguna de estas opciones para disponer de tiempo libre. Todas somos conscientes de estas cosas, pero nos cuesta pedir ayuda porque se nos inculca que tenemos que ocuparnos de todo. Pero no se es mejor padre o madre por estar todo el día ocupado.
  Algunas mujeres creen que deben trabajar y ocuparse del funcionamiento de su casa al mismo tiempo, y son incapaces de repartir las tareas del hogar con su pareja o contratar la ayuda de profesionales. Pero si te organizas bien, podrás encontrar solución (y tiempo) para todo.

Organízate mejor. Las tareas del hogar eran una lata antes de nacer el bebé, pero con él llevar una casa es tarea imposible. Las tareas domésticas son molestas por naturaleza, puesto que requieren bastante tiempo, son pesadas y monótonas. Es fácil resentirse por la cantidad de tiempo y energía que inviertes en ellas, porque todo el mundo prefiere ir al gimnasio o de compras antes que pasarse la tarde limpiando o planchando. Ese resentimiento puede aguar una relación, pero si te organizas bien, sacarás el máximo provecho a tu tiempo:

- **Haz una evaluación de tus objetivos.** ¿Cuán limpia y hermosa debe estar tu casa? Evidentemente, todos sabemos que es muy difícil mantener una casa impecable. Como es muy posible que nunca vaya a estar perfecta con niños de por medio, relájate un poco. Evita estar todo el día tras tus hijos con un trapo en la mano y ¡no te agobies! Al principio tuve una «crisis» con Ariadna. No tenía tiempo de hacer nada. Me ponía muy nerviosa ver que era incapaz de organizarme. Hasta que un día vi claramente que era mucho más importante para mi la calidad del tiempo que dedicaba a estar con ella que la cantidad. Si estoy con ella, estoy por ella. Hay que jugar con los niños, limpiar ya se hará más tarde.

- **Deja bien clara la división de tareas.** ¿Quieres repartir las labores del hogar en un cincuenta por ciento o en otra proporción? Si los dos accedéis a repartir las tareas a partes iguales, pero uno de vosotros no dispone de suficiente tiempo para ello, pensad en contratar los servicios de un profesional.

- **Elabora un listado de las tareas domésticas** a realizar y ordénalas por prioridades. Establece claramente quién se ocupa de cada tarea a la semana (o al mes), y deja constancia por escrito de cuánto tiempo requiere cada una. Emplea esta lista como punto de partida para hablar con tu pareja sobre el reparto de tareas domésticas. Si tu pareja no cumple su parte, sabrás cuánto tiempo ha dejado de contribuir al correcto funcionamiento del hogar.

- **Para evitar el aburrimiento,** dividid las tareas según lo que a cada uno le guste hacer. Elige tareas que se correspondan lo máximo posible con tus gustos o habilidades, así no te resultarán tan pesadas. Si a los dos os gustan las mismas tareas, cambiad vuestras funciones cada semana.

- **Asigna un tiempo** determinado para cada tarea.

- **No critiques.** Todos tenemos nuestra forma particular de llevar una casa, de modo que no critiques los esfuerzos de tu pareja.

- **Sé flexible.** Si uno de los dos se olvida de realizar una tarea, que no cunda el pánico. En la vida existen cosas más importantes que las tareas domésticas, así que evita hacerle sentir culpable si se olvida alguna vez o no las realiza como a ti te gustaría.

- **Pide ayuda.** No es necesario que vosotros os ocupéis de todo. Enseñad a vuestros hijos a recoger los juguetes, a hacer la cama y a limpiar el polvo. Si os lo podéis permitir, contratad a alguien que os ayude con la limpieza.

- **Es importante darse** un pequeño capricho de vez en cuando, ¡especialmente después de un largo día de tareas domésticas!

Adiós a las sorpresas

Es indudable que cuando te conviertes en madre, ya no disfrutas de una sexualidad ilimitada y espontánea. Muchas parejas prefieren planear de antemano sus encuentros, pero descubren que esa falta de espontaneidad les baja la libido. Eso le ocurría a Laura, una madre de 35 años que conocí en el gimnasio. «En ocasiones, a mi pareja no le apetece hacer el amor porque ya no somos espontáneos. Cree que ya no es divertido porque hemos dejado de improvisar.»

Pero también está la otra cara de la moneda. Algunas parejas encuentran excitante saber con antelación el día de su encuentro, porque pueden prepararse mejor para una noche de pasión. Además, saben que practicarán sexo con cierta periodicidad. «Mi marido y yo decidimos que el sábado será nuestra noche de sexo, un espacio en el que disfrutamos con una botella de vino después de acostar a Aina. De este modo, tenemos la oportunidad de hacer el amor de forma relajada, o de tener varios orgasmos en un solo encuentro... No dejamos que nada estropee nuestros sábados. Durante el día, pensamos en cómo pasaremos la noche...», me comentaba Marta.

«Lo que más echo de menos es el sexo 'aquí te pillo aquí te mato'. Antes de tener a Iñaki lo hacíamos cuando y donde nos apetecía, pero desde que nació el peque ¡se acabó la improvisación! Al principio, teníamos tantas visitas de familiares, que nos cortaban continuamente el rollo. Ahora, nuestros encuentros están súper calculados a los momentos en los que el niño duerme...»

Si la idea de planificar vuestros encuentros sexuales os parece demasiado fría, debéis pensar que en realidad estáis dejando un espacio para vuestra intimidad. Si luego hacéis el amor o no, eso es cosa vuestra. Pero lo importante es que os habéis reservado ese espacio para vosotros.

Si crees que en tu casa es prácticamente imposible encontrar algo de intimidad, conviene hacer algunos cambios de carácter práctico, como por ejemplo comprar un cerrojo. Esta sencilla solución puede ser la clave de tu intimidad. Muchas parejas temen hacer el amor en casa por si sus hijos les pillan «in fraganti». Pero si cierras la puerta de vuestro dormitorio con un cerrojo, evitarás situaciones embarazosas...

También es importante bajar el tono de vuestros gritos y gemidos, puesto que para un niño pueden resultar muy desconcertantes. Si vuestra habitación es contigua a la de vuestro hijo, conviene hacer el amor en otra habitación.

Aunque las sugerencias anteriores están encaminadas a evitar que los niños se enteren de vuestras relaciones sexuales, llegados a cierta edad tampoco pasa nada si intuyen lo que hacéis por las noches. Si sois honestos con vuestros hijos, estaréis transmitiendo el mensaje de que el sexo es algo natural, saludable y nada de lo que avergonzarse. Podéis enseñar a vuestros hijos a respetar vuestro tiempo libre y contestar a sus preguntas de la forma más adecuada posible según su edad.

No somos supermujeres

En nuestros esfuerzos por ser mejores madres, mejores esposas y, en general, personas agradables, no nos damos cuenta de que hacemos muchos sacrificios. No deberíamos tener que esforzarnos tanto por obtener regalos tan preciados como el tiempo y el placer sexual, actividades que en realidad sirven para recargar pilas. Como las madres no tenemos la vida fácil, y debemos hacer un esfuerzo por conservar nuestro empleo, seguir ganando dinero e intentar dejar a nuestro hijo en alguna guardería, tendemos a compensar nuestras carencias con una sobreprotección de la calidad de vida de nuestro hijo. Pero, ¿acaso tú no mereces vivir el tipo de vida satisfactoria que quieres que tengan tus hijos de mayores? Intenta ser la mejor madre y mujer posible, pero no trates de convertirte en una supermujer.

Inevitablemente, las mujeres adquieren un gran sentido de la responsabilidad cuando son madres. Puesto que las madres se siguen considerando las principales responsables de la salud y el bienestar de los pequeños, cargan con la culpa de todo lo que no pueda salir perfecto. Por supuesto, muchas de esas madres también trabajan fuera de casa. En vez de facilitarles la vida a esas madres con más guarderías subvencionadas y un horario laboral flexible, nuestra sociedad ha optado por idealizar y valorar a esas madres que lo hacen todo (al menos aparentemente) a la perfección. Esta mujer es, en parte, víctima de la sociedad porque no ve ninguna razón para cambiarla y es capaz, por su privilegiada situación económica, de ser madre, de trabajar en una multinacional, de educar a niños monísimos y de conservar su talla 38. Y, por cierto, suele cenar con su marido en los mejores restaurantes de la ciudad mientras los niños están durmiendo apaciblemente al cuidado de una canguro.

El prototipo de «supermujer» es una pesadilla para muchas mujeres que, por muchas y diversas circunstancias, nunca llegarán a ese ideal. Debemos aprender a ser nosotras mismas, sin fijarnos en cómo viven las demás.

Energía

A las mujeres se nos enseña que el esfuerzo físico requerido en el parto equivale a correr una maratón de unos 25 km. Yo, en cambio, creo que criar y educar a tus hijos es el equivalente a participar en un decatlón sin una línea de meta. Primero está el embarazo y el parto, luego la lactancia, la falta de sueño, los cuidados diarios que requiere el bebé, la reincorporación al trabajo, el cuidado de la casa... ¡son tantas cosas! Así, no es de extrañar que muchas mujeres aseguren haber perdido la libido.

El sexo requiere cierta cantidad de energía y, por tanto, muchos padres y madres con sobrecarga de trabajo prefieren dormir o cenar apaciblemente antes que hacer el amor. A veces, el mero pensamiento del sexo puede llegar a parecer agotador. Sin embargo, hacer el amor nos sirve para aumentar las reservas de energía y aguantar toda la semana con optimismo y alegría.

El sexo sirve para infundir un nuevo vigor al cuerpo, a la mente y al espíritu. De modo que, si te sientes demasiado cansada para el sexo, piénsatelo dos veces porque el ejercicio sexual (o de cualquier otra clase) sirve para aumentar tu reserva de energía.

Por otro lado, es importante que hagas ejercicio todos los días, porque de este modo notarás un incremento en tus niveles de energía. Las endorfinas que se liberan durante el ejercicio mejoran tu estado de ánimo y dan un empujón a tu libido. También refuerzas tu autoestima, porque estás haciendo algo por tu cuerpo. Da paseos largos, apúntate a clases de aeróbic o de yoga. Sean cuales sean tus actividades, no te saltes ni una comida. Desgraciadamente, algunas madres jóvenes están tan horrorizadas ante la idea de que sus cuerpos no vuelven mágicamente a su estado normal después del parto que siguen cualquier dieta. Si das el pecho, es muy importante que comas con regularidad. Si no es así y quieres seguir una dieta, asegúrate de comer alimentos nutritivos. Comer barritas energéticas puede ser una buena opción a media mañana, pero alimentarte de ellas resultará muy perjudicial para tu salud.

Cómo mantener viva la llama del amor

Tener un hijo representa un cambio muy importante en la vida de una pareja. Con la llegada o «intrusión» de un bebé, muchas sienten que su vida no volverá a ser nunca igual... Pero no desesperes, con un poquito de esfuerzo ¡será mucho mejor! El amor hay que cuidarlo, y en este capítulo verás cómo conseguir que todo vuelva a ser como antes. Al principio, tengo que reconocer que cuesta un poco más, pero con paciencia y mucho amor todo se logra.

Aunque no hay que obsesionarse, un hijo implica seguir ciertas rutinas para su bienestar y, en ocasiones, compaginarlo con la relación de pareja supone uno de los retos más difíciles de sobrellevar. Hoy en día, los horarios laborales, las obligaciones y el nuevo trabajo que os aborda –el de ser padres– dan lugar a que el escaso tiempo que compartís en pareja sea de vital importancia; por eso, debéis dedicaros momentos de calidad y no descuidar los pequeños detalles que mantienen viva la llama del amor.

Los ingredientes del amor

Existen trucos que pueden hacer que tu relación de pareja no sólo no decaiga ,sino que se fortalezca con la llegada de un bebé.

Complicidad. Es un ingrediente fantástico para aliñar una buena relación y mejora cuanto más se usa. Los pequeños retos, una vez superados, unen y ayudan a que aumente la complicidad en la pareja, pero hay muchas formas de trabajarla:

- **Divertiros creando un código** gestual o verbal que sólo vosotros conozcáis. Esto lo podéis utilizar cuando haya más gente para crear más complicidad entre vosotros.

- **Aprovecha los momentos** más insignificantes para flirtear con tu pareja. Que estéis casados o tengáis hijos en común no significa que debáis distanciaros. Hay que ir alimentando ese amor que os unió. El juego del coqueteo puede resultar muy excitante.

- **Afrontad conjuntamente las dificultades** que puedan ir surgiendo. No asumas tú sola el peso de los problemillas familiares ni dejes esa responsabilidad a cargo de tu pareja. Ser papás es un trabajo en equipo y juntos podréis solucionar con éxito los pequeños contratiempos.

- **Buscad un hobby en pareja.** ¡Las aficiones compartidas son mucho más divertidas! Cuando hay hijos, los hobbies suelen pasar a un segundo plano, pero no debéis dejar que suceda. Buscad un canguro que pueda dedicarse exclusivamente al bebé durante unas horas y salid a hacer lo que realmente os guste y os relaje. Es importante para la pareja hacer cosas juntos y sin hijos.

  «De solteros, solíamos hacer muchas cosas separados. A mi marido le encantaba jugar a golf y a mí ir al cine una vez a la semana. Desde que nació nuestro hijo decidimos dedicar un sábado al mes por la mañana a ir a jugar al golf y una tarde cada dos semanas para ir al cine. ¡Disfrutamos mucho compartiendo aficiones y haciendo cosas juntos!»

  Ésta es una solución muy buena para que la pareja comparta tiempo sin hijos. Podéis volver a hacer las cosas que hacíais antes de ser papás.

  Haz partícipe siempre a tu pareja y compartid experiencias cotidianas. De esta manera no se sentirá excluido en todo aquello que os afecte a ti y al niño. El hecho de sentirse bien y a gusto dentro de la pareja ayudará a que vuestra llama no decaiga.

  Montse, mi comadrona, siempre repetía en sus clases de posparto: «Para el padre, a veces, volver a ocupar el lugar que le corresponde es la tarea más difícil y el cambio más complicado de sobrellevar. Es importante adaptarse a la nueva situación, de manera que cada miembro ocupe su lugar. Para ello, es importante cuidar mucho a la pareja, sin olvidar el nuevo papel que ocupará el bebé y el que desempeñará el padre.»

- **Negociad las tareas del hogar** de manera que ambos participéis y el reparto sea equitativo. Procurad que cada uno haga lo que sabe hacer mejor o lo que más le gusta: la compra para quien le guste más salir de casa, la plancha para quien le relaje, la cocina para el más habilidoso... Pero, si no tenéis preferencias, turnaos por semanas e id rotando las tareas. Si es necesario, escribid el reparto en una pizarra o enganchad un papel en la nevera con las actividades de cada uno durante la semana para que no hayan malentendidos. Al principio, con la llegada del bebé, la comprensión del papá es fundamental, pues debe ser consciente de que tu trabajo de alimentar y cuidar al bebé puede ocuparte la mayor parte del tiempo y robarte muchas horas de sueño, por lo que necesitarás descansar más para reponer fuerzas. En definitiva, experimentad las cosas que vayan surgiendo de una forma participativa y conjunta. Es importante que estéis unidos en esto.

Sentido del humor. Pasadlo bien, salid con amigos, reíd juntos... El buen humor es otro ingrediente muy importante para que funcione bien una pareja. Se trata de desdramatizar las pequeñas complicaciones cotidianas y tomarse las cosas con humor. Cuando eres padre, hay que reconocer que a veces estás tan cansado, después de una larga jornada de trabajo o de estar todo el día cuidando de tu pequeño, que no tienes el sentido del humor a flor de piel y lo último que te apetece es soltar una carcajada a la menor gracia de tu pareja; pero hay que esforzarse en mantener un clima alegre y divertido en el hogar. De esta manera todos os sentiréis a gusto y relajados. Con los niños es fácil llenar momentos de diversión: sus juegos, risas y gracias nos contagian con facilidad y nos llenan de alegría. Sin embargo, es importante también encontrar momentos de diversión en pareja. Podéis aprovechar el momento de la siesta para dar rienda suelta a la imaginación y hacer lo que os apetezca: ver una película, haceros cosquillas o un masaje sensual, sexo... Estos momentos los valorarás mucho y debes luchar porque los haya.

Comunicación. En una relación es esencial la comunicación. La energía que tienen los niños puede dejar a los padres sin ganas de hablar. Pero es necesario buscar los momentos idóneos para poder expresar a tu pareja cómo te sientes, qué necesitas, preguntarle cómo está él... Sin comunicación no existirá ni complicidad, ni confianza. El momento ideal puede ser cuando los niños duermen o están tranquilos jugando. Busca esos ratitos propicios para poder comunicarte con tu pareja. Trata de ser empática y ponte en su lugar, de esta manera entenderás mejor cómo se siente y la comunicación será más fácil.

Para Marta encontrar el momento idóneo para hablar con Carlos era un problema. Se pasaba todo el día con su pequeña y cuando llegaba su marido de trabajar sólo tenía quejas. Solía explicarle lo agobiada y cansada que se sentía y no daba pie a que él pudiese explicarle cómo estaba.

No debes esperar a que esto ocurra. Rosa, una médico neurodidacta amiga mía me dice siempre que «la armonía personal requiere un equilibrio de nuestras tres vertientes: nuestra parte de niño (intuitivo y capaz de pedir ayuda), de adulto (asertivo y empático) y de padre (educador). Para que una pareja se comunique correctamente tienen que intentar que el diálogo se produzca de adulto a adulto».

Un error, muchas veces, es situarse en la posición del niño y expresar sólo lo que tú necesitas (en el caso de Marta sólo mostraba quejas, sin dejar que Carlos también se expresara). Debes aprender a escuchar también qué necesita tu pareja. Sin embargo, situarse en la posición de padre (sin tener en cuenta tus propias necesidades) tampoco es una buena solución. Como puedes ver, la comunicación es muy difícil y puede complicarse más con un hijo. La paciencia puede ser una buena arma para luchar contra los malentendidos.

Cuidados básicos. Para que una relación se mantenga viva, fresca y saludable necesita cuidados y mucha ternura, como una planta. Al principio, es fácil estar pendiente de tu pareja, te sientes feliz y enamorada, y la ternura surge de una manera casi espontánea. Pero, con el tiempo, las largas jornadas laborales, el cansancio, el estrés, los niños... pueden acabar por hacer mella en tu relación. Para que eso no ocurra y vivas tu relación como un continuo romance debes tener en cuenta algunos aspectos:

- **Conserva vivo el romanticismo.** Una cena romántica a la luz de unas velas, un regalo sorpresa, unas flores, una carta romántica... son ideas para que vayas tomando nota.

- **No lo des por hecho.** Las parejas van evolucionando con el paso de los años. No pases por alto los pequeños cambios que al final pueden ser cambios importantes. Anticípate a los problemas y no dejes que las heridas se enquisten. No des por hecho que tu pareja siempre va a quererte y estará contigo pase lo que pase. En ocasiones, se producen circunstancias que pueden alterar vuestros sentimientos. Gánate su amor cada día.

- **Sorpréndele.** Déjale con la boca abierta. No dejes que el aburrimiento o la rutina se instalen en vuestra vida cotidiana. Cada día puede ser distinto y emocionante si te lo propones. Regálale un fin de semana en algún sitio con encanto, un masaje, una cena romántica... No esperes a que sea su cumpleaños o una fecha importante para tener un detalle. Se trata de una actitud contagiosa: cuanto más detallista y atenta seas, más lo será él contigo.

- **Cuida las cosas especiales.** Renueva tu lencería, compartid un baño de burbujas, practicad sexo apasionado (no rutinario). Déjale sin habla poniendo especial atención en cómo le miras.

- **Amabilidad y respeto ante todo.** En una pareja, para que todo vaya sobre ruedas tienen que haber palabras dulces y amables, pero sobre todo respeto.

- **Múestrate tal y como eres** y demuéstrale que eres feliz, que te sientes muy bien a su lado y que te llena. Trasmítele energía y ganas de vivir.

Pasión. No permitas que se acabe. Debes vivir apasionadamente. Pon energía vital, alegría e intensidad en todo lo que hagas y pasión en todo lo que toques.

Claves para despertar **la pasión**

- Céntrate en cada milímetro de su cuerpo, en los detalles que le hacen atractivo y único para ti, en su encanto (si te cuesta verlo, piensa que tú te enamoraste de él). Tu libido irá creciendo y el interés por tu pareja irá aumentando.
- Pon imaginación en tu vida amorosa. La sexualidad no debe verse reducida a una sola parte de tu cuerpo ni a un solo lugar de la casa. Cambia de escenario y de vestuario.
- Sedúcele. Ponte rompedora y sexy. Adórnate con todo aquello que le vuelve loco: tacones, ropa ceñida, un buen escote, lencería fina...
- Sorpréndele con un jueguecito (la enfermera y el médico), rescata el Kama Sutra... O entra en un *sex-shop* para inspirarte y renovar vuestro repertorio de juegos sexuales.

Como ves, en la variedad está el gusto. Puedes utilizar estas claves para mejorar tus relaciones. ¡Comunícate con tu pareja y a disfrutar! Antes de que sea demasiado tarde, hay que ponerse manos a la obra e intentar reavivar el amor para conseguir una unión nueva y más fuerte. Se trata de despertar la pasión que seguro que teníais antes de tener niños.

Y recuerda que, como decía Honoré de Balzac: «Es mucho más fácil quedar bien como amante que como marido; porque es mucho más fácil ser oportuno e ingenioso de vez en cuando que todos los días».

Tu nuevo concepto del sexo

Si quieres que tu vida sexual no sólo sobreviva, sino que mejore después de la llegada de un bebé, tendrás que reinventar tu concepto del sexo. Muchas mujeres, al margen de la edad que tengamos, no nos sentimos del todo adultas hasta que nos convertimos en madres. Somos plenamente conscientes de que ser madre ofrece una especie de madurez emocional, aunque nadie nos haya explicado que esa «mayoría de edad» emocional también implica una madurez sexual. No nos engañemos: nuestra cultura perpetúa un modelo de desarrollo tardío e incompleto respecto a la expresión sexual, y se nos enseña muy poco a cultivar nuestras habilidades y necesidades eróticas.

Pero llegar a la mayoría de edad sexual es divertido: si asumes plena responsabilidad de tu propio placer, muestras iniciativa en tus relaciones sexuales, desarrollas tu creatividad y llegas a donde tú quieras estar en el plano erótico y emocional.

Asume la responsabilidad de tu placer

Las mujeres tendemos fácilmente a caer en la pasividad en cuestiones de sexo. Se nos enseña a concentrar toda nuestra energía sexual en ser atractivas y apetecibles y, a menudo, nuestro erotismo se define por cuánto deseo inspiramos en otra persona. «¿Qué quiero yo? ¡Quiero que me quiera!» Es un juego perfectamente válido de gratificación personal, pero si ésa es tu única manera de expresión sexual, te estás perdiendo gran parte de la película. Ser un objeto sexual deseable forma parte de los deseos humanos, pero ser un *sujeto* sexual adquiere proporciones divinas. Por «sujeto sexual» me refiero a alguien que siente pura lujuria por su pareja, que desea con todas sus fuerzas acariciar el cuerpo de su amado y expresar ese deseo con intensidad, alguien que se olvida por completo de su cuerpo y de las actitudes que «supuestamente debe adoptar» para entregarse al amor.

La subjetividad sexual es una declaración de independencia: independencia de la pasividad, de la inseguridad y de la autocrítica. Cuando dejas de definir tu sexualidad en términos reactivos, ya no dependes de tus amantes para obtener placer. Tal y como me explicaba mi amiga Alicia, la masturbación y los juguetes sexuales pueden ser tus aliados para conseguirlo, sobre todo, si no tienes pareja: «Desde que me separé de mi marido he aprendido a disfrutar de mi sexualidad en solitario y ¡he descubierto que puede ser muy excitante! Me he dado cuenta de que un hombre no siempre puede darme placer, de modo que el vibrador se ha convertido en mi aliado de las noches solitarias.»

También es importante que le hagas saber a tu pareja aquello que te gusta con respecto al sexo. Los hombres están tan desconcertados como nosotras en muchos aspectos de nuestra sexualidad. Por eso aprecian que les digamos lo que nos gusta. Valoran las instrucciones sencillas, pero huyen de las órdenes excesivas. Por tanto, adorna tus sugerencias con halagos sinceros, pero amorosos e, incluso, con humor. Después, comenta elogiosamente lo mucho que te ha gustado hacer el amor con él. Eso le animará a seguir tus instrucciones y sugerencias y le hará estar más atento a tus deseos...

También puedes colocar sus manos exactamente donde quieras que estén, incluso entrelazando tus dedos con los suyos para ayudarle a ejercer la presión, la velocidad y la dirección correctas.

Léele algún fragmento subido de tono que describa la acción que deseas realizar (incluso cambiando los nombres por los vuestros). Tendrá efectos sorprendentes e inmediatos. También puedes escribirlo tú misma o dejarle una nota provocadora sobre la almohada.

El maravilloso mundo de las fantasías

Las fantasías sexuales son una poderosa herramienta que te permitirá explorar a fondo tus deseos y no debes reprimirla. Tanto si se manifiestan como pensamientos ocasionales, imágenes mentales o situaciones que te gustaría representar con una pareja, merecen tu curiosidad. Deja que tu imaginación campe a sus anchas.

Las fantasías sexuales incluyen sueños imposibles y realidades imperdonables. Es decir, existen fantasías de aventuras que te excitan y que jamás llevarás a cabo: seducir a tu estrella de cine favorita o tener sexo en un yate a la luz de la luna. También puedes tener fantasías infundadas en algún grado de realidad, episodios que se basan en recuerdos del pasado o en visiones de un posible futuro. Seguramente disfrutarás de tus fantasías «imposibles» sin pasar vergüenza ni ansiedad y tu pareja no se sentirá incómoda por ellas. Sin embargo, la cosa cambia con las fantasías que se basan en la realidad. Uno de los desafíos (y la recompensa) de ser un adulto sexualmente maduro es aprender a disfrutar de la riqueza y variedad de la imaginación erótica.

Muchas personas se sienten cómodas con fantasías que ellos consideran «políticamente incorrectas», como las que implican cierto grado de dominación o sumisión, exhibicionismo o voyerismo porque saben que nunca las llevarán a la práctica. A fin de cuentas, las fantasías sobre conductas tabúes son bastante comunes porque el «fruto prohibido» del paraíso siempre ha ejercido un gran poder erótico.

Imma me comentaba que tener relaciones sexuales cuando su hijo dormía le ponía a cien: «Pensar que en cualquier momento podía levantarse de su camita y entrar en mi habitación aumentaba mi excitación de una manera incontrolable». Ese miedo a ser descubierta daba a sus relaciones sexuales un punto de excitación extra.

Aunque evaluar si tus fantasías son normales o no lo son no es lo más importante, lo fundamental es determinar qué aspectos de tus fantasías y las de tu pareja podéis explorar juntos en la vida real. Muy a menudo, cuando las parejas sacan el tema de ampliar su repertorio de posturas sexuales, les entra vergüenza practicarlas en la vida real, aunque hayan fantaseado sobre ellas muy a menudo.

No pasa nada si uno de vosotros tiene fantasías acerca de actividades que el otro no desea probar. Tener derecho a tu deseo sexual también implica saber respetar el deseo sexual de los demás.

Las relaciones sexuales van evolucionando y madurando y puede ser que una mujer sienta necesidades que antes nunca le habían apetecido, como es el caso de Sonia, una madre de 40 años:

«Desde hace tiempo me excita la idea de practicar un intercambio de parejas. Mi marido no quiere ni hablar de ello, pero se muestra muy receptivo a otro tipo de propuestas, como posturas nuevas o prácticas que nunca habíamos probado. Hace poco nos animamos con el sexo anal y, desde entonces, hemos descubierto un nuevo campo de placer. En mis fantasías me veo practicando la penetración doble con dos hombres, pero dudo que me gustara en la práctica y, mucho menos, ¡que mi marido accediera! Aun así, nuestra comunicación sexual ha mejorado muchísimo.»

¡Peligro!: Sentirse excluida. Te sentirás muy halagada si tu pareja se excita con el mero hecho de pensar en vuestras experiencias sexuales más satisfactorias del pasado. Pero si parte de esas fantasías tienen que ver con amantes anteriores a ti, o con la atractiva y joven vecina de enfrente, te sentirás de algún modo amenazada.

Solemos caer en la trampa de considerar la lujuria como una proposición mutuamente excluyente. Es decir, pensamos: «Si mi marido piensa en otra mujer, es que ya no me desea a mí» o «Si a mi novia le excitan unos atributos que yo no tengo, dejará de excitarse conmigo». La frase: «Mi marido tiene fantasías con mujeres jóvenes que no son madres» puede llegar a resultarte muy dolorosa.

Lo cierto es que todos tenemos la capacidad de excitarnos con muchas personas distintas. Disfrutar de una fantasía con un novio o amante del pasado, y al día siguiente con tu amante actual, es una forma natural de mantener activo tu deseo. Si vives una relación de pareja estable, podéis contaros vuestras fantasías sexuales; seguramente os daréis cuenta de que compartís algunos temas. Algunos de ellos, como las experiencias de virginidad o una mayor compenetración y anticipación pueden ofreceros pistas sobre qué elementos trabajar en vuestra relación «real».

Tu juguete

Algunos juguetes sexuales puden ayudarte a romper la rutina y aumentar vuestro placer. En realidad, hace milenios que existen, ¿sabías que incluso se han encontrado algunos consoladores tallados en esculturas de piedra paleolíticas con más de treinta mil años de antigüedad? En los jarrones griegos, en los cosquilleadores franceses del siglo XVIII o en la pintura china del XIX también encontramos antecesores de los modernos y potentes vibradores actuales. En el siglo

XIX, unos médicos estadounidenses inventaron los vibradores eléctricos como tratamiento para mujeres que sufrían una serie de desórdenes físicos y nerviosos. Según ellos, estos síntomas podían aliviarse gracias al masaje genital y al orgasmo. Aplicaban unas vibraciones en el clítoris -no en el interior de la vagina- y lo consideraban un remedio clínico perfectamente respetable. Aunque los vibradores ya no se usan con prescripción médica, los juguetes sexuales siguen deleitando a los adultos del siglo XXI.

Cada vez hay más lugares, mejor iluminados que los sex-shops de hace años, en los que puedes comprar todo tipo de juguetes sexuales. Sin embargo, si todavía te impresionan, te recomiendo que organices una «tapersex» con tus amigas. Sucesoras de las clásicas reuniones de recipientes de plástico de los ochenta, las tapersex siguen la misma filosofía. Basta con concertar día y hora y recibirás una variada colección de todos los artilugios sexuales que hay en el mercado.

Cómo regalarte **placer**

No es necesario que esperéis a «tener ganas» para decidiros a practicar sexo. Hay algunos tipos de regalos que estimulan el deseo de actividad sexual, como:

- Un día sin niños. Este regalo que en teoría no es de carácter sexual se convierte en una valiosa oportunidad para relajarse y estimular vuestra intimidad sexual. ¡Dedicaros el día sólo a vosotros!

- Planifica una noche romántica y envía a tu pareja una invitación escrita a mano o un sms insinuante. Organízalo todo: el canguro, la cena... y no dejes que él mueva ni un dedo. Puedes organizar esta cita en tu casa o en un restaurante. Yo te aconsejo la segunda opción, encontraros en un lugar que no sea vuestra casa, los dos elegantes y tú con algún escote insinuante. El juego puede iniciarse en el restaurante...
- Prepara una noche de vídeos eróticos. Podéis mirarlos después de que los niños se hayan acostado (y si no estáis demasiado cansados). Alquila varias películas, y ¡deja que tu pareja tenga el control absoluto del mando a distancia!
- Prepara un baño erótico en el que no falten las velas, los aceites esenciales, pétalos de rosa e incienso. No te olvides de darle un masaje lento y amoroso en la espalda. Puedes utilizar también aceites de chocolate comestibles que, además de estar sabrosísimos, proporcionan una excitación añadida, pues ya sabes que el chocolate es afrodisíaco...

Una nueva definición del sexo

Evidentemente, el sexo no es la única manera de expresar amor, tener intimidad o gozar de tu cuerpo. Por otro lado, cada vez que experimentas amor o los placeres del cuerpo, entras en contacto con tu naturaleza erótica.

Dos de mis amigas definen muy bien esta variedad de registros en los que puede moverse una pareja:

Para Mara: «El sexo no es la parte fundamental de nuestra relación y sabemos que podemos querernos mutuamente de otras maneras que no sean sexuales».

Cristina apunta: «Seguramente, a mi compañero le encantaría hacer el amor más a menudo (tendremos una media de una vez al mes), pero no hacerlo con tanta frecuencia nos ha brindado la oportunidad de dedicarnos a otras actividades que nos crean intimidad y placer, pero que no son de naturaleza sexual».

Explora otra sexualidad

El sexo implica un contacto con todo tu cuerpo. Pero intenta olvidarte de tus genitales durante una semana y explora otras posibilidades de expresarte físicamente. Besa la parte trasera del cuello de tu pareja, hazle un masaje... ¿Estas actividades evocan en ti imágenes de tu adolescencia, cuando estabas en una etapa de exploración sexual? Intentad recrear esas mismas actividades.

Hacer el amor es mucho más que sexo y penetración, y marcharse sin avisar después de una noche de pasión es lo contrario de una sexualidad imaginativa. Un encuentro sexual puede implicar un contacto genital o no; puede suponer un orgasmo para un miembro de la pareja, pero no para el otro; implicar cinco minutos de mutua masturbación en el sofá o diez minutos de teléfono erótico. Sea lo que sea, os debe resultar placentero y tiene que ser consentido por ambos. La consigna es el respeto.

Seguramente notarás que los sentimientos hacia tu cuerpo varían con el paso del tiempo, tus actitudes cambian, tus fantasías se transforman en otras muy distintas, tal vez pases por varias relaciones de pareja (incluso con la misma persona) y tus hijos se marchen de casa. Tu experiencia del placer sexual es un estado en continua transformación, pero tu derecho al placer permanece constante. Como dice mi amiga Silvia:

«Nos hemos aficionado a sesiones de fotos picantes, tenemos una colección de videos eróticos caseros rodados con nuestra cámara digital, acudimos a playas nudistas... En general, nuestra naturaleza sexual está incorporada a nuestra vida diaria. Pero no todo en la vida es sexo. Mi marido es abogado y yo soy directiva en una empresa. Nuestros hijos ya estudian en el instituto y viajamos con ellos siempre que podemos para ver mundo. Pero hemos aprendido que, si no conviertes tu naturaleza erótica en parte de tu vida, acabas siendo una de esas parejas que dejan de hacer el amor cuando nacen los hijos. De hecho, ese comentario es una coartada para no preocuparse de alimentar el fuego del amor.»

Sin pareja y sexy

Si eres madre soltera y no tienes pareja estable, a veces, el sexo en solitario no es suficiente. Quizás trabajes mucho, tanto en casa como en tu profesión, y tengas poco tiempo para pensar en el sexo. Pero aún así, es muy probable que, en ocasiones, eches en falta un poco de calor humano. Aunque una persona puede ser sexualmente activa sin tener pareja, es indudable que el contacto íntimo con otro cuerpo es irremplazable y una contribución única a tu bienestar sexual.

Evidentemente, querer y tener son conceptos totalmente distintos. Conocer a gente nueva y superar los obstáculos logísticos de concertar una cita sin niños de por medio son algunas de las dificultades con las que te encontrarás antes de llegar a una relación sexual.

Buscar pareja

Buscar a esa persona y las circunstancias adecuadas para desarrollar una relación puede ser tan complicado que muchas madres solteras adoptan una actitud indiferente hacia la búsqueda de pareja. A muchas, el miedo a parecer desesperadas o a no encontrar un hombre adecuado las paraliza. Algunas de las excusas más comunes para quedarse en casa son las siguientes:

Excusa 1: «Mi hijo es lo primero». Aunque parezca imposible, se puede atender emocional y físicamente a los hijos y tener una vida sexual activa. Sin duda, supondrá un esfuerzo para ti, pero si estás dispuesta a invertir energía en encontrar un nuevo trabajo o buscar un piso nuevo, ¿por qué no te esfuerzas de la misma manera en tu vida sexual? No sufras por tus hijos; a cambio de pasar alguna noche con la canguro, verán a una madre plena, relajada, satisfecha y feliz.

Ya sé, cuando estás saturada de trabajo y tareas domésticas, lo último en lo que piensas es en buscar otra persona que te robe tiempo y atención. Te preocupa la idea de dedicar unas horas a otra persona a expensas de estar con tu propio hijo, y eso te parece intolerable. No eres la única. Muchas de las mamás solteras que he conocido mientras elaboraba este libro opinan igual:

«Hasta que mi hijo no tenga dos años, no pienso salir con ningún hombre. Creo que él me necesita y no estoy dispuesta a perder el tiempo con algún tipo que, al final, sé que me dejará. En ocasiones es duro admitirlo, pero lo primero es mi hijo, da igual si practico sexo o no.»

No te engañes. A veces es más fácil sacrificar tus necesidades en nombre de tu hijo que hacer un esfuerzo por analizar qué te impide salir y tener relaciones con hombres. Es fácil abstenerse del sexo por una temporada, pero si al final acabas por evitar toda intimidad sexual, no te harás ningún favor (ni se lo harás al niño).

En vez de posponer tus deseos sexuales durante un periodo de tiempo indefinido, analiza de qué modo una saludable autoestima sexual puede mejorar tu calidad de vida. Encontrar un poco de tiempo para ti misma, como ser sexual con sus necesidades y deseos, es lo más importante que puedes hacer por tu salud emocional y sexual. Separarse unos momentos de tus hijos no te resultará tan difícil si te das cuenta de que te mereces la atención y el amor de una relación sexual plena.

Excusa 2: «Siento miedo y culpa». Estas dos emociones pueden acabar con la imagen que tienes de ti misma. En cierto modo, te restan seguridad y te incapacitan para disfrutar de la compañía de una nueva pareja (aunque sea ocasional). El miedo puede adoptar varias formas: miedo a ser rechazada, a que tu pareja no te convenga lo suficiente o a que los niños no se adapten a él. La culpa se manifiesta a modo de resentimiento hacia una misma por no estar haciendo lo correcto.

«Ahora me siento satisfecha, pero antes nunca podía llegar al orgasmo debido a mis sentimientos de culpabilidad. Me sentía mala madre porque practicaba el sexo junto a la habitación de mi hija con un hombre que no era su padre. Ahora me doy cuenta de que esos sentimientos eran absurdos. Cuando mi pareja actual me hizo entender que no era inmoral hacer el amor con él, mí actitud hacia el sexo cambió radicalmente.»

Es perfectamente normal albergar algunas inseguridades a la hora de emprender una nueva relación, pero si esos sentimientos te paralizan, deberás enfrentarte a ellos: ¿De qué tienes miedo? ¿Qué es lo peor que puede pasar? ¿Y lo mejor? Si no te atreves a salir con nadie por miedo a ser rechazada, también perderás la oportunidad de sentirte amada.

Por si todo eso fuera poco, el miedo a ser considerada «una mala madre» nos impide buscar activamente una vida sexual satisfactoria. Nunca es sencillo defender públicamente tus creencias sexuales, pero si inicias una relación sana y respetuosa con otro hombre (tenga hijos propios o no), estás desafiando el estigma asociado a las madres sexuales.

Si desde que te convertiste en madre todavía no has salido con nadie, te sorprenderá conocer tu nueva lista de prioridades cuando emprendes la búsqueda de una nueva pareja. Como tienes hijos, ahora tendrás más cuidado a la hora de iniciar una nueva relación, porque cualquier amenaza a tu salud física o emocional sería dañina para tus pequeños. Las citas que no llegan a tus niveles mínimos de exigencia no vuelven a tener una segunda oportunidad. Según una de las madres sin pareja que conocí:

«Ni siquiera considero la posibilidad de tener una relación sexual con un hombre que no se sienta cómodo con mis hijos. ¿Cómo me voy a sentir atraida por un hombre que no reconoce esa parte tan importante de mí misma?»

El problema de ser tan estricta cuando buscas pareja es que puedes acabar de nuevo sola. Si te pones un listón muy alto, es posible que te pierdas alguna relación agradable y placentera. Quizás haya que buscar un término medio: iniciar una relación con alguien que te guste y, si con el tiempo te desagrada, dejar de verle.

Excusa 3: «Tengo 'resaca' amorosa». Muchas madres solteras viven resentidas y tristes debido a una mala experiencia en otras relaciones anteriores, especialmente con el padre de su hijo. En esos casos, es frecuente que la mujer se pregunte, no sin cierta perplejidad, cómo es posible que ese hombre al que tanto amaba las esté tratando con tanta crueldad.

La única cura a esa resaca amorosa, a tus malas experiencias con los hombres, es el tiempo. Si has pasado por una separación desagradable, conviene darte mucho tiempo para cicatrizar las heridas y no obsesionarte por querer mantener una relación perfecta con tu ex, ni buscar a otro hombre desesperadamente. Mantener una distancia prudencial de esa relación aliviará parte de tu frustración e ira, y te dará la perspectiva necesaria para criar a vuestro hijo a dos bandas.

Si es posible, trata de enfocar las nuevas relaciones con una actitud positiva, sin resentimientos. No todos los hombres son iguales, y si has tenido malas experiencias en el terreno amoroso no te culpes. No te mereces una relación destructiva, y si has pasado por ello no es culpa tuya. Esas cosas pasan de vez en cuando y debes aprender a superarlas sin que afecten a tu autoestima. Evidentemente, después de una relación fallida conviene analizar y tratar de entender qué ha pasado, pero sin criticarte duramente.

Si estás sola porque tu pareja ha fallecido, sabrás que una muerte es un suceso trágico para toda tu familia. Cuando tu dolor se vaya atenuando poco a poco, empezarás a preguntarte si estás preparada o no para iniciar una nueva relación.

Seguramente, sentirás miedo y remordimientos cuando suceda. Estas emociones son normales, ya que juraste amor y fidelidad a un hombre. Pero salir con otro no implica que hayas olvidado a tu marido. Nuestras relaciones amorosas, especialmente las positivas, nunca se pueden sustituir. Sólo podrás sumarlas, pero jamás reemplazar unos recuerdos emotivos tan satisfactorios por otros.

Si eres viuda, evita la comparación cuando salgas con otro hombre. Y si crees que necesitas ayuda adicional para tratar de poner un poco de orden emocional en tu vida, no dudes en acudir a un psicólogo.

Hijos y vida privada

Es posible invertir una gran cantidad de energía tratando de impedir que tus hijos sepan qué es el sexo; puedes borrar cualquier rastro sexual de tu casa, evitar hablar de sexo y decirles a tus hijos que los niños vienen de París. Pero no esperes que esos niños sean adultos sexualmente responsables si nadie les habla de su sexualidad.

El desarrollo sexual de un hijo casi siempre tiene un profundo impacto en los padres. Puedes optar por ocultar todo tipo de información sexual a tus hijos o enseñarles que la sexualidad es una conducta natural y humana de la que no hay que avergonzarse. En realidad, éste último enfoque sincero y respetuoso hacia la sexualidad mejorará la relación con tus hijos y contribuirá a su desarrollo sexual saludable.

Tampoco es muy recomendable que trates a tus hijos como si fueran tus confidentes. Debes tener muy claro que tus pequeños son tus hijos, no tus amigos, y pertenecen a una generación distinta a la tuya. No les cuentes tus líos amorosos.

Hacer amigos. Cuando ya te has dado permiso para tener una vida sexual, el siguiente obstáculo es encontrar a alguien con quien compartir esa sexualidad. ¿Cómo encontrar a esa nueva pareja? He aquí algunas sugerencias de otras madres solteras:

- **Pregunta a tus amistades.** A veces, tus amigos y conocidos son tus mejores aliados para encontrar una nueva pareja. ¡Pero debes informarles de que la estás buscando!

- **Apúntate a cursos o actividades que te gusten.** Es una forma perfecta para aprovechar el tiempo, adquirir nuevos conocimientos y conocer a alguien con tus mismas aficiones.

- **No te saltes los acontecimientos infantiles.** Asiste a las fiestas, a las representaciones teatrales y eventos deportivos de tus hijos. Los parques infantiles también son un lugar óptimo para conocer a otras personas. Encontrarás a muchos papás... algunos de ellos solteros o separados.

- **¡Lánzate!** No te anticipes a una respuesta negativa y piensa: ¿y por qué no? o ¿qué es lo peor que puede ocurrirme si me dice que no? No vas a morirte por ello. Además, a todos nos gusta que nos inviten a salir, es muy halagador. Seguro que, como mínimo, le arrancas una sonrisa.

- **Si te animas a invitarle a salir, sé concreta.** Dile «¿Te gustaría que fuésemos al cine este viernes a ver esta película?». Evita frases que no impliquen un compromiso concreto para hacer algo, del tipo: «¿Qué tal si vamos un día de estos al cine?».

- **La primera cita que sea breve.** Considera la primera cita como un tiempo informal para familiarizarte con la otra persona y descubrir si realmente te gusta. El encuentro ha de ser breve y dulce, de manera que la otra persona se quede con las ganas de que la velada continúe otro día... y muchos más.

- **Mantén una conversación ligera.** Procura que la conversación sea sencilla, pero entretenida. Durante la primera cita no es muy acertado revelar problemas o temores personales, y sobre todo no es el momento de hablar de antiguas relaciones y amores. Esto hará que tu acompañante se sienta incómodo.

- **Relájate y sé tu misma.** Si eres alegre y divertida, trata de explotar tu lado ingenioso y hazle reír. Si en cambio eres reservada, sácale partido a tu encantadora timidez, muéstrate amable y no te disculpes si te ruborizas o te pones nerviosa (Recuerda que también es su primera cita contigo y es muy posible que también esté nervioso).

- **Busca el roce casual,** quitándole una pelusilla de la camisa, por ejemplo. Tocar establece intimidad, demuestra cordialidad y supone familiaridad, pero cuidado con traspasar demasiado su espacio personal.

- **Sé positiva.** No te quejes de tu trabajo, tus niños, tu familia, tu vida... Es el momento de acentuar lo bueno y ofrecer lo mejor de ti.

- **Prepárate.** Si eres una persona muy tímida, prepara algunas preguntas para que tengáis temas de conversación. Intenta no monopolizar la conversación, pero sí es importante formular algunas preguntas clave a tu posible pareja.

- **Para averiguar si realmente existe** química sexual entre vosotros, concede un margen de tiempo. Entre la conversación que ambos tratáis de mantener fluida y los comentarios que se te pasan por la cabeza, es posible que no hayas podido ni respirar. Seguramente, os tendréis que ver en varias ocasiones antes de descubrir si esa persona te conviene o no.

Precauciones en la **primera cita**

También puedes tomar una serie de precauciones en tu primera cita:

- Encontraos en un lugar público. Piensa en reuniros a la hora del almuerzo; de este modo, si tu cita no te gusta, tienes una excusa ideal para irte al cabo de una hora.
- Llegad por separado.
- Informa a un amigo o familiar acerca de tu paradero y cuándo volverás. Cuando regreses a casa, llama a ese amigo para comunicarle que ya has llegado.
- Lleva un teléfono móvil o monedas para llamar desde una cabina.
- Lleva dinero de más por si tienes que viajar en taxi hasta tu casa.
- Si vives lejos, no te quedes a dormir en casa de la persona que acabas de conocer. Será mejor que duermas en un hotel.
- Lleva condones, por si los necesitas...

Ojo con los celos. Si tu nueva relación prospera y tus hijos sienten celos por la atención que le prestas a «ese nuevo hombre», habla con ellos. Si son niños pequeños, explícales que tienes un amigo muy especial con quien te gusta pasar algún rato, del mismo modo que ellos también tienen compañeros de juego.

Si tus hijos son algo mayores, puedes revelarles la importancia que tienen las relaciones íntimas entre adultos y el valor que le otorgas en tu vida. Sin embargo, debes tener en cuenta que los niños no deben resentirse por tu nueva relación. No salgas con él a expensas de pasar tiempo con tus hijos, al menos hasta que ellos no se sientan a gusto con él.

Salud sexual. Repítete la siguiente frase siempre que estés baja de moral: «Una mamá feliz es una buena mamá». La salud sexual forma parte del bienestar de todo tu organismo, de modo que tendrás que tomar unas sencillas precauciones en tus relaciones sexuales. El sexo seguro y la planificación son los pilares sobre los que se asienta el bienestar sexual. Lleva condones en el bolso y habla abiertamente sobre anticonceptivos y sexo seguro con tu nueva pareja antes de iniciar un encuentro sexual.

Muchas madres solteras descubren que, cuando empiezan a salir de nuevo con hombres, les resulta muy útil tener un «plan de citas». Este plan es en realidad una filosofía según la cual una posible pareja sólo es óptima si se ciñe a las necesidades y el bienestar de los hijos.

«Siempre ando con mucho cuidado en mis encuentros. Después de seis meses de pruebas y errores, finalmente he creado un plan de citas. Nos reunimos varias veces a la hora del almuerzo hasta que establecemos un nivel suficiente de confianza. Después, yo sugiero una salida familiar. Sólo dos de los hombres con quienes he salido han accedido a esa excursión, de modo que esa propuesta sirve también de criba. He llegado a la conclusión de que mi hija necesita ver cómo se desarrolla una amistad antes de que surja una relación romántica. Además, no veo el motivo de salir con alguien que no pueda mantener una buena relación con mi hija.» *Imma, 33.*

Cada mujer establece sus prioridades y crea un plan de «citas» recurriendo a sus variadas experiencias amorosas y a su intuición. No creas que elaborar un plan de ese tipo es materialista o interesado, sino prudente. Analizar a fondo tus prioridades y las de tus hijos antes de iniciar una relación es una medida de seguridad que te puede evitar muchos disgustos y malos entendidos con tu posible nueva pareja.